Erinnerungsort Alderney

Impressum

Bibliografische Informationen der Deutschen Nationalbibliothek
Die Deutsche Nationalbibliothek verzeichnet diese Publikation in der Deutschen Nationalbibliografie; detaillierte bibliografische Daten sind im Internet über http://dnb.d-nb.de abrufbar.

ISBN: 978-3-86408-329-7

Korrektorat: Ralf Diesel

Grafisches Gesamtkonzept, Titelgestaltung, Satz und Layout: Stefan Berndt – www.fototypo.de

Hartmut Lehmann

ERINNERUNGSORT ALDERNEY

Spurensuche im Beton

Zum Andenken an meine Eltern Sofie und Eduard Lehmann und zur Erinnerung an meine beiden allzu früh verstorbenen Geschwister Isolde und Klaus, die immer davon träumten, Alderney zu besuchen.

Inhalt

Zur Orientierung im Labyrinth der Alderney-Erinnerungen

1. Alderneys exponierte politisch-militärische Lage im Zweiten Weltkrieg

Die Geschichte der Kanalinseln Guernsey, Jersey und Alderney im Zweiten Weltkrieg ist in der deutschen zeitgeschichtlichen Forschung bisher nicht auf nennenswertes Interesse gestoßen. Anders ist seit Jahrzehnten die Situation in Großbritannien. Als die deutschen Armeen im Juni 1940 nach Westen vorstießen, ließ der britische Premier Winston Churchill die Behörden auf den Kanalinseln wissen, es gäbe keine Möglichkeit, sie zu verteidigen. Während die Bewohner von Guernsey und Jersey entschieden, auf ihren Inseln zu bleiben, beschloss die überwiegende Mehrheit der Bewohner von Alderney, ihre Insel zu verlassen und Schutz in Großbritannien zu suchen. Die Folgen waren dramatisch: Nach der Okkupation von Guernsey und Jersey mussten die Bewohner, auch die Behörden, mit der Besatzungsmacht einen „modus vivendi" finden. Gelegentlich kam es in der Folge zu Widerstand: Einheimische schnitten Telefondrähte durch; schütteten Sand in den Tank von Militärfahrzeugen; stahlen Lebensmittel aus den Vorräten der Besatzer. Wer erwischt wurde, bekam eine drastische Strafe. In einer besonders heiklen Lage befand sich die lokale Polizei. Sie stand zwischen beiden Lagern. Sie musste im Auftrag der Besatzungsmacht nach wie vor für

Ordnung sorgen, sympathisierte aber mit den Personen, die bereit waren, Widerstand zu leisten. Ebenso wie zu vereinzelten Widerstandsaktionen, kam es auf den beiden großen Kanalinseln wiederholt auch zu nicht unbedingt notwendigen Fällen der Kollaboration: „Collaboration". Vor allem in den 1980er Jahren wurde auf Guernsey und Jersey sowie in Großbritannien heftig über das „C-Word", eben die Kollaboration, diskutiert. Geschäftsleute hatten sich notgedrungen oder aus Opportunität mit den Besatzungssoldaten arrangiert, ebenso die lokalen Behörden, auch die Polizei. Davon wollte später niemand mehr etwas wissen.Auf Alderney war dagegen, als die Deutschen die Insel besetzten, kaum mehr als ein Dutzend der Bewohner zurückgeblieben, vor allem einige Landwirte, die sich um ihr Vieh kümmern wollten. Die Häuser von St. Anne, der kleinen Stadt, waren leer. Ohne Rücksicht konnten die Deutschen über die gesamte Insel verfügen und tun und lassen, was immer sie für notwendig hielten. Auf Befehl von Berlin wurde Alderney zu einer gigantischen, wie man glaubte, uneinnehmbaren Festung ausgebaut. Alderney als der am weitesten im Westen gelegene Punkt des Atlantikwalls sollte wie ein an der Schnittstelle zwischen dem Ärmelkanal und dem Atlantik verankerter Flugzeugträger alle Bewegungen der deutschen Schiffe und Flugzeuge ebenso wie eventuelle militärische Aktionen gegen Großbritannien absichern. An den strategisch wichtigen Punkten der Insel wurden Bunker gebaut, dazu Geschützstellungen, gegen Landefahrzeuge am Strand riesige Mauern aus Beton. Verantwortlich war die Organisation Todt. Um die gewaltigen Bauten ausführen zu können, engagierte sie Baufirmen aus dem Reich und ließ Tausende von Zwangsarbeitern aus ganz Europa nach Alderney holen und brachte sie dort in vier Lagern unter: in drei Arbeitslagern und von 1943 an auch in einem von der SS bewachten Konzentrationslager.

Was im Einzelnen während der Besatzungsjahre auf Alderney geschah, ist bis heute strittig. Während auf Guernsey und Jersey nach 1945 Augenzeugen berichten konnten, was während der Besatzungszeit geschehen war, gab es nach 1945 auf Alderney kaum noch jemand, der aus erster Hand von den Vorgängen auf der Insel in den fünf Jahren vom Juni 1940 bis Mai 1945 berichten konnte. Denn erst im Dezember 1945 und ab Januar 1946 war den 1940 evakuierten Bewohnern von Alderney, die in Großbritannien weit verstreut, bis hinauf nach Schottland, untergebracht worden waren, gestattet worden, wieder auf ihre Insel zurückzukehren. Was sie vorfanden, war das reine Chaos. Trümmer, verwüstete Häuser, zerstörte Wege, mitten in die Landschaft geschlagene Schneisen. Beton und nochmals Beton. Wie kaum anders zu erwarten, wucherten auf der Insel, aber auch in Großbritannien, bald Gerüchte; Gerüchte davon, was möglicherweise in den Jahren der Besatzung auf der Insel geschehen war.

Wie viele Zwangsarbeiter hatten die Deutschen auf die kleine Insel gebracht, und wie viele von ihnen hatten ihr Leben verloren?

Wo waren die Toten geblieben?

Zur Erinnerung an die Toten schufen die Einheimischen 1966 ein Mahnmal, das „Hammond Memorial". Die unselige Vergangenheit war damit aber nicht vergangen. Viele der Bewohner von Alderney wollten sich in den seit dem Ende des Zweiten Weltkriegs vergangenen Jahrzehnten ganz bewusst nicht mehr an die deutsche Besatzung erinnern lassen. Eine Erinnerungsstätte auf der Insel war für sie genug. Mehr musste nicht sein. Für andere war die Vergangenheit dagegen nicht vergangen. Sie erinnerten sich und andere immer wieder an das Schicksal der auf Alderney zu Tode gequälten Zwangsarbeiter, obwohl niemand genau wusste, was eigentlich geschehen war.

2. Alderneys Rolle im Gedächtnis unserer Familie von 1943 bis 2023

Seit dem Herbst 1943 spielte der Begriff Alderney in unserer Familie eine große Rolle. Wir lebten damals in dem Dorf Talheim bei Tuttlingen im Schulhaus. Unser Vater, Eduard Lehmann, ein Volksschullehrer, geboren 1905, war 1938 von Reutlingen nach Talheim gekommen, wenig später aber zur Wehrmacht eingezogen und zusammen mit seiner Flak-Einheit Anfang September 1943 nach Alderney versetzt worden. Die älteste Schicht unserer Erinnerungen an Alderney stammt aus dieser Zeit. Diese Schicht besteht aus zwei sehr unterschiedlichen Teilen: Zum einen aus unseren Kindheitserinnerungen. Denn dass unser Vater nunmehr auf einer Insel im fernen Meer stationiert war, besaß für uns Kinder, für meine 1933 geborene Schwester, für mich, Jahrgang 1936, und selbst für meinen 1938 geborenen Bruder eine seltsame Faszination. Tagelang, und immer wieder, redeten wir über Alderney, so oft und so intensiv, dass der Name Alderney seit 1943 fest in das Gedächtnis meiner beiden Geschwister und auch in mein Gedächtnis eingebrannt war. Zum anderen besteht diese älteste Erinnerungsschicht aus den Briefen, die unser Vater von Alderney aus regelmäßig nach Talheim schickte. Unsere Mutter, Sofie Lehmann, geboren 1906, teilte den Inhalt der Briefe des Vaters nicht mit uns Kindern. Erst nach dem Tod unserer Mutter, 1994, fanden wir das dicke Konvolut der Kriegsbriefe unserer Eltern. Tagelang lasen wir. Wir staunten, wie exakt unsere Mutter den fernen Vater über uns Kinder informiert hatte. Jede Unart war notiert worden, jeder Ärger mit einem Nachbarn im Dorf, gerade so, als ob unsere Mutter unserem Vater hätte mitteilen wollen, dass sie in der Heimat und nicht er als Soldat an der Front eigentlich das schwerere Schicksal zu tragen habe. Keines der Geschwister wollte die Briefe behalten. Als Historiker wusste ich, dass sie ein interessantes zeitgeschichtliches Dokument darstellen. Nach Rücksprache mit meinen Geschwistern entschied ich deshalb, diese Briefe in der Bibliothek für Zeitgeschichte innerhalb der Württembergischen Landesbibliothek Stuttgart zu deponieren, einem Ort also, wo Briefe und Tagebücher aus der Zeit der Weltkriege gesammelt und für die Forschung bereit gehalten werden. Als unser Vater 1947 aus britischer Kriegsgefangenschaft zurückkehrte, hatten wir Kinder den Namen Alderney keineswegs vergessen. Immer wieder versuchten wir vielmehr, von ihm mehr über seine Zeit auf Alderney zu erfahren. Ohne Erfolg. Er wollte, wie er uns sagte, alle Erinnerungen an die Kriegszeit hinter sich lassen, auch die Erinnerungen an Alderney. Seit 1955 studierte ich Geschichte mit dem Schwerpunkt Neuere Geschichte, zunächst am neu gegründete Seminar für Zeitgeschichte in Tübingen bei Hans Rothfels, seit 1957 an der Universität Wien. Mit jugendlichem Eifer versuchte ich nun, von meinen Vater mehr von seinen Erfahrungen und Eindrücken in den Jahren nach 1933 zu erfahren, auch über seine Zeit auf Alderney. Ich erinnere mich an heftige Debatten, auch an Streit. „Wenn du die Zeit nicht selbst erlebt hast, solltest du dir kein Urteil erlauben", so mein Vater. Unsere Mutter stimmte ihm zu. Ähnlich wie in vielen anderen Familien lag somit auch bei uns über dem, was unsere Eltern in der Nazizeit und im Krieg erlebt hatten, ein dicker, fast undurchdringlicher Teppich.Nur am Rande bekamen wir Kinder mit, dass unser Vater in seinen letzten Lebensjahren, das heißt etwa von 1972 bis 1974, seine Memoiren schrieb. Er machte das, wenn wir nicht zu Besuch in Reutlingen waren, wo meine Eltern seit der Pensionierung unseres Vaters wohnten. Bei seinem Tod hinterließ er acht dicke Hefte mit Erinnerungen, die von der Kindheit bis ins hohe Alter reichten, handschriftlich, ergänzt durch einige Fotos und Skizzen. Nach seinem Tod im Jahr 1975 nahm unsere Mutter diese Memoiren an sich. Ebenso wie die Kriegsbriefe fanden wir Briefe und Memoiren erst nach ihrem Tod 1994. Und nun konnten wir nachlesen, was unser Vater im Krieg und insbesondere was er in seiner Zeit auf Alderney erlebt hatte. Und während ich als Historiker wusste, dass bei der Lektüre der Kriegsbriefe wegen der militärischen Zensur größte Vorsicht angebracht war, so galt es nun zu fragen, was unser Vater als alter Mann, nach der Rückkehr aus zwei Jahren Gefangenschaft und der Entnazifizierung, nach den Jahren an der Akademie für Lehrerfortbildung in Calw im Schwarzwald und als Direktor des Staatlichen Aufbaugymnasiums mit Heim in Nagold und seit 1968 im Ruhestand, zu Papier gebracht hatte, kurzum, was für ihn so wichtig war, dass er es in seinen Memoiren festhielt.Diese Memoiren bilden das Zentrum der folgenden Ausführungen. Sie sind, soweit ich das herausfinden konnte, das einzige persönliche, schriftlich festgehaltene Zeugnis eines deutschen Soldaten über seine Erfahrungen auf Alderney im Zweiten Weltkrieg, geschrieben etwa 1973, also dreißig Jahre nach der Zeit, die er dort verbracht hat. Derzeit sind diese Memoiren noch in meinem Besitz. Ich plane jedoch, sie in absehbarer Zeit an das Stadtarchiv in Reutlingen zu geben, wo der schriftliche Nachlass meiner Eltern aufbewahrt wird. In den Jahren zwischen dem Tod unseres Vaters 1975 und ihrem eigenen Tod 1994 versäumte unsere Mutter keine Gelegenheit, ihren Enkelkindern vom Aufenthalt ihres Mannes auf Alderney zu erzählen. Offensichtlich war das ein Stoff, der nicht aus ihrem Gedächtnis verschwinden wollte. Vor allem bei der jüngeren Tochter meines Bruders und bei unserem jüngeren Sohn entstand der Wunsch, diese Insel doch einmal selbst zu besuchen. Davon, was aus diesem Plan wurde, und wie es nach einigen Verzögerungen schließlich 2023 gelang, ihn dann doch umzusetzen und Alderney zu besuchen, wird weiter unten ausführlich berichtet. Meine beiden Geschwister, die ebenfalls oft davon geredet hatten, dass sie gerne einmal mit mir zusammen nach Alderney reisen würden, waren zu diesem Zeitpunkt leider nicht mehr am Leben. Ihnen ist dieses Bändchen gewidmet.Dass Erinnerungen keinesfalls mit historischer Wahrheit gleichzusetzen sind und dass die Rekonstruktion von Erinnerungen insbesondere dann schwierig ist, wenn, wie in unserem Fall, Erinnerungen aus verschiedenen Zeiten vorliegen, liegt auf der Hand. Das muss an dieser Stelle nicht besonders betont werden. Kindheitserinnerungen, die zu keinem Zeitpunkt schriftlich niedergelegt, sondern immer nur und immer wieder bis ins Erwachsenenalter hinein erzählt werden, verwandeln im Laufe der Zeit ihre Qualität und teilweise sogar den Inhalt. In unserem Fall wurden diese Erinnerungen im Laufe der Jahrzehnte verändert durch Informationen über Alderney, die wir, mal zufällig, mal gezielt, aufnahmen. Auf die Differenz zwischen Briefen und Memoiren, die von dreißig Jahren zurückliegenden Ereignissen berichten, wurde oben schon hingewiesen. Als wir nach dem Tod unserer Mutter die Kriegskorrespondenz unserer Eltern und die Memoiren unseres Vaters zum ersten Mal lasen, wurden die alten Erinnerungen an Alderney ebenso aktiviert wie während des Besuchs auf der Insel 2023, also noch einmal dreißig Jahre später. In beiden Fällen hatten wir viele Fragen und diejenigen, die unsere Fragen hätten beantworten können, waren nicht mehr am Leben. Das, was wir als Erinnerung an Alderney festhalten, ist und bleibt somit mit vielen Fragen belastet.

I.

1943: Kindheitserinnerungen und der erste Bericht über Alderney in den Memoiren des Vaters

Als die Flakbatterie ihres Vaters Anfang September 1943 von Bernay in Nordfrankreich auf die seit Sommer 1940 von der deutschen Wehrmacht besetzte Kanalinsel Alderney verlegt wurde, waren die Kinder 10, 7 und 4 Jahre alt. In den Geschichten, die ihnen ihre Mutter jeden Abend vor dem Einschlafen erzählte, spielte diese Insel von dieser Zeit an eine immer wichtigere Rolle. Denn jeden Abend wollten die Kinder wissen, was es denn von Alderney Neues zu berichten gäbe. Die Mutter war niemals auf dieser Insel gewesen. Sie war in Süddeutschland aufgewachsen und kannte nicht einmal Helgoland. Nur einmal, 1934, war sie vor dem Ausbruch des Zweiten Weltkriegs mit „Kraft durch Freude“ einige Wochen auf Amrum gewesen. Keine richtige Insel, wie sie meinte, sondern eher eine überdimensionale Sanddüne. Sie wusste nur, dass Alderney zu den Inseln gehörte, die im Ärmelkanal irgendwo zwischen Frankreich und England liegen - im Erdkundeatlas ein kleiner Punkt, mehr nicht. In den abendlichen Erzählungen gewann dieser kleine Punkt aber immer neue Qualitäten. Bald lag er mitten im Atlantik, auf halber Strecke zwischen Europa und Amerika. Gewaltige Felsen und steile Klippen waren, wie die Mutter wortreich ausführte, die Kennzeichen dieser stets von hohen Wellen umtosten Insel. Riesige Möwen und gefährliche Seeadler lebten dort, so die Erzählung der wegen ihrer Phantasie im Familien- und Bekanntenkreis oft belächelten Mutter. Möglich sei sogar, dass Kolumbus auf seiner Fahrt in die Neue Welt 1492 dort Station gemacht habe. Sicher sei das aber nicht. Niemand wisse, welche der Pflanzen, die dort wachsen, man essen könne. Später hätten, wie sie den Kindern erzählte, auf dieser Insel einmal Piraten gelebt, die vorbei fahrende Schiffe kaperten. Das sei lange her. Trotzdem sei die Insel immer noch und gerade in jüngster Zeit wieder bedroht, weil ihre vormaligen Besitzer, die Engländer, sie zurückerobern wollten. Denn wenn diese das Reich des in der kindlichen Phantasie ebenfalls allgegenwärtigen Führers besiegen wollten, dann müssten sie zuerst diese Insel erobern. Dann sei der Vater in allerhöchster Gefahr, und dann wisse man nicht, ob er jemals zur Familie zurückkehren würde.Als der Vater dreißig Jahre später, 1973, kurz vor seinem Tod, seine Memoiren schrieb, beschäftigte er sich ausführlich mit seiner Zeit auf Alderney. Denn diese Zeit war, wie er im Rückblick anmerkte, so etwas wie das zentrale Erlebnis der Jahre im Krieg gewesen, der Jahre, die er stets als vergeudete, verlorene Jahre betrachtet hatte.

Als er im Spätsommer 1943 von der Verlegung seiner Flakbatterie auf die Kanalinsel Alderney hörte, sei er, wie er in seinen Memoiren festhielt, sehr besorgt gewesen.

„Das sei eine exponierte, wichtige und gefährliche Stelle“, notierte er, *„über Alderney führe die Aus- und Einflugschneise der deutschen Flugzeuge bei Englandflügen. Auf eine solche Stellung legten wir eigentlich keinen Wert“*.

Er befürchtete, so ist zu vermuten, dass die Engländer die Befestigungsanlagen auf Alderney, durch welche die Flugroute der deutschen Flugzeuge gesichert wurde, bombardieren würden. Die Überfahrt von Cherbourg nach Alderney sei immer in der Nacht erfolgt, fügte er an, und jedes Mal sei er seekrank geworden.

„Für mehr als 1 ½ Jahre bis zur Kapitulation blieb ich nun auf der Insel", so weiter in den Memoiren. *„Man kann Alderney mit Helgoland vergleichen. Alderney ist etwa 7 km lang und bis zu 2,5 km breit. Es ist eine Scheibe sehr harten Gesteins, die sich von Südosten nach Nordwesten langsam senkt. Die flachere Kanalseite hat einige kleine geschwungene Sand- und Badebuchten. Die Dünung ist stark. Romantisch-felsig ist die zum Land zeigende Seite"*.

Erst Mitte der 1990er Jahre, nach dem Tod der Mutter, die die Memoiren ihres Mannes wie einen Schatz gehütet und für sich behalten hatte, lasen die Kinder diesen Bericht in den Memoiren ihres Vaters. Sie hatten sich inzwischen zwar sporadisch, aber doch kontinuierlich über Alderney informiert. So wussten sie, dass Guernsey, Jersey und Alderney die einzigen Gebiete Großbritanniens waren, die von der Naziarmee 1940 besetzt wurden; dass die Einwohner von Alderney – im Gegensatz zu jenen auf Guernsey und Jersey – die Insel verlassen hatten, ehe die deutschen Soldaten die Insel eroberten, sodass diese dort ungehindert schalten und walten konnten. Ihnen war inzwischen außerdem bekannt, dass die Nazis Alderney als den am weitesten im Westen gelegenen Vorposten des Atlantikwalls zu einer Art Festung ausgebaut hatten, und dass zu diesem Zweck Tausende von Zwangsarbeitern auf die Insel verlegt worden waren. Davon hatte ihnen ihre Mutter nie etwas erzählt. An was aber hatte sich ihr Vater, als er 1973 seine Memoiren schrieb, erinnert?

„1943 war die Luftüberlegenheit der Alliierten absolut", hatte er notiert. *„Auf dem kleinen Flugplatz der Insel lagen Stacheldrahtreiter – als Schutz gegen eine eventuelle Landung. Ein deutsches Flugzeug landete dort nie mehr seit wir dort waren. Ich sah von da ab überhaupt keines mehr. An der Kanalküste wurde der sogenannte Atlantikwall gebaut. Vorposten war Alderney. Auf der Insel gab es 8,8 und 3,7 und 2 cm Flak, 16 cm Artillerie. Alderney wurde zur Festung erklärt. Pioniere buddelten unentwegt an Stollen. Die Organisation Todt war am Werk. Zwei KZ's lieferten Arbeitskräfte. Panzermauern an den Flachstränden, Minenfelder im Sand über die gesamte Insel, Panzerhöcker und Zugminen an den Badebuchten. Man sprach von 5000 Mann Besatzung. Die Zivilbevölkerung hatten die Engländer, als sie die Insel ohne Kampf räumten, evakuiert. Nur der Lotse im Hafen war da geblieben und der Leuchtturmwärter. Beide wurden von den Deutschen übernommen, beide gingen dann 45 nach der Kapitulation unversehrt wie die Anlagen, die sie betreuten, wieder zurück an die Alliierten. Bei Beschuss wurden Hafen und Leuchtturm stets ausgespart. In den Kasematten der Insel lagen riesige Vorräte Munition und Lebensmittel. Alderney galt als uneinnehmbar.*

Am Morgen erblickten wir hie und da Schiffe, die bei Nacht eingelaufen waren. Ebenso verschwanden sie wieder in einer der folgenden Nächte. Bei Tag hätte sich kein deutsches Schiff auf dem Meer zeigen dürfen".

Wenn man diesem Bericht folgt, war die Lage der auf Alderney stationierten deutschen Soldaten längst vor der Landung der Alliierten in der Normandie, dem D-Day, durchaus prekär.Dass mehr als ein Dutzend Einheimische auf der Insel zurückgeblieben waren, war dem Memoirenschreiber offensichtlich entgangen. Vielleicht hatte er dies aber auch nie gewusst. Ebenso verwundert, dass er von *„zwei KZ's"* spricht, die Arbeitskräfte lieferten, wo doch in der Literatur über Alderney im Zweitem Weltkrieg seit langem, schon in den ersten Berichten nach 1945, immer nur von einem KZ, aber von drei Arbeitslagern die Rede ist. Wahrscheinlich waren die Verhältnisse in dem einen Arbeitslager nahe seiner Stellung aber so katastrophal, dass sie in seiner Erinnerung den Verhältnissen in einem KZ glichen. Von den Konzentrationslagern auf Alderney wussten die Kinder aus den Erzählungen der Mutter nichts, was angesichts dieses heiklen Themas aber nicht weiter verwundert.

II.

2023: Der Besuch auf Alderney und weitere Lektüre in den Memoiren

Ob es nicht endlich Zeit sei, Alderney zu besuchen, besprachen die drei Geschwister seit dem Tod der Mutter und der Lektüre der Memoiren, also Mitte der 1990er Jahre, immer wieder. Inzwischen mischten sich auch ihre Kinder in diese Diskussionen ein. Denn ihre Großmutter hatte ihnen, bei passender und unpassender Gelegenheit, ebenfalls vom gefährlichen Aufenthalt ihres Mannes auf dieser seltsamen und für die Familiengeschichte, wie sie betonte, deshalb einzigartigen Insel erzählt. Immer wieder wurde in den folgenden Jahren eine Reise nach Alderney geplant, immer wieder kam aber etwas dazwischen. Als zwei der drei Geschwister starben, drängten nunmehr die Enkel den einzig noch lebenden Sohn des Memoirenschreibers, mit ihnen nach Alderney zu reisen. Denn er, der 1943 Siebenjährige, inzwischen aber über Achtzigjährige, habe immerhin noch Erinnerungen an die Kriegszeit, und als Historiker könne er vielleicht helfen, das, was sie auf der Insel erleben würden, besser zu verstehen. Als die Pläne wieder einmal konkrete Formen angenommen hatten, schlug die Corona-Epidemie zu. Erneut mussten die Pläne verschoben werden. Außerdem argumentierte inzwischen einer der Enkel, er wolle auf keinen Fall einen Ort besuchen, an dem deutsche Soldaten Kriegsverbrechen begangen hätten. Alle anderen hielten aber an dem Plan fest: Sie wollten sich nun endlich einen eigenen Eindruck von der teilweise seit Jahrzehnten fest in ihr Gedächtnis eingebrannten Insel verschaffen: Familien-Mythos Alderney. Zehn oder zwölf aus der engeren Familie zeigten Interesse. Im Sommer 2023 wurde deshalb ein großes Haus auf Alderney angemietet. Anfang September 2023, 50 Jahre nach der Niederschrift der Memoiren und 80 Jahre, nachdem die Flakbatterie des Vaters von Nordfrankreich auf die Insel Alderney verlegt worden war, machten sich sechs aus dem Familien-Clan auf den Weg: Der noch lebende, inzwischen 87 Jahre alte Sohn mit seiner Frau, ein Enkel mit seiner Frau, sowie eine Enkelin mit ihrem Sohn, also einem Urenkel. Alle anderen Familienmitglieder hatten, als der Abreisetermin näher rückte, den einen oder anderen Grund beziehungsweise die eine oder andere Ausrede, warum sie letztendlich doch nicht mitkommen könnten. Diejenigen, die an einem sonnigen und warmen Septembertag von Guernsey kommend nach Alderney flogen, erlebten eine Überraschung nach der anderen. Die größte Überraschung: Auf Alderney gab es viele Bäume, gar Wälder. Die Insel war also gar nicht so kahl und unwirtlich, wie sie es sich nach den Erzählungen der Mutter beziehungsweise der Großmutter vorgestellt hatten. Den Bewohnern der Insel, die 1946 wieder aus dem britischen Exil zurückgekehrt waren, war es also offensichtlich gelungen, ihrer alten und neuen Heimat durch ein Programm der *reforestation* ein besonderes Gesicht, fast den Charakter einer in südlicher Hemisphäre liegenden Insel mit Schatten spendenden Bäumen zu geben. Zweite Überraschung: Die Insel war hügelig, mit steilen Anstiegen, aber ohne öffentliche Verkehrsmittel, sodass man, wenn man nicht gut zu Fuß war, die lokalen Taxidienste in Anspruch nehmen musste. Dritte Überraschung: Auf der Insel gab es ein richtiges Zentrum, ein großes Dorf, fast eine kleine Stadt, mit Kirchen, Kneipen, Restaurants und Geschäften, auch mit vielen attraktiven Angeboten für Touristen, die zu unserer Überraschung fast ausschließlich aus Großbritannien und nicht etwa auch aus dem nahegelegenen Frankreich kamen. Die Vergangenheit mit der deutschen Besatzung schien im dritten Jahrzehnt des zweiten Jahrtausends in eine geradezu unendlich ferne Vergangenheit gerückt. Die Insel machte einen idyllisch schönen Eindruck. Ob das wirklich so war, beschäftigte die Besucher aus drei Generationen. Wenn sie in Gesprächen mit Insulanern erwähnten, sie hätten lange gezögert, ob sie denn an einen Ort reisen sollten, an dem „die Deutschen" als Besatzer im Zweiten Weltkrieg viel Schlimmes angerichtet hatten, wurde ihnen in aller Regel entgegnet, dies sei lange her und spiele in der Gegenwart keine Rolle mehr. Bei den auf so freundliche Weise angeredeten Besuchern blieb jedoch stets der nicht ausgesprochene Verdacht, so willkommen wären sie als Deutsche vielleicht doch nicht, und so sehr sei die schlimme Vergangenheit doch noch nicht in Vergessenheit geraten. Jeder der Bunker, den sie sahen, schien eine andere Geschichte zu erzählen: die Geschichte, dass die deutsche Besatzung der Insel schwere Verletzungen zugefügt hatte, von denen nun die Bunker wie Narben zeugten. Einige Gerüchte, die den Besuchern von den Einheimischen erzählt wurden, waren kaum zu glauben. So hörten sie, dass Zwangsarbeiter, die bei Betonarbeiten versehentlich in den frischen Zement fielen, nicht herausgeholt, sondern einbetoniert worden seien. Sonst hätte man die gesamte Prozedur unterbrechen müssen, und dafür sei keine Zeit gewesen. Damit Beton fest werde und später keine Risse bekomme, müsse der Zement bis zur Beendigung der Arbeiten nachgefüllt werden. An diese Maxime hätten sich die Deutschen gehalten, und so brutal, so rücksichtslos hätten die deutschen Besatzer die Zwangsarbeiter damals eben behandelt. Niemand wisse jedoch noch, an welchen Stellen dies geschehen sei. Man müsse aber davon ausgehen, dass einige der gewaltigen Betonbauten eigentlich ein Totenmausoleum seien, das man nicht untersuchen dürfe. Man müsse vielmehr die Ruhe der Toten für alle Zeiten respektieren. Obwohl die Besucher dieses Gerücht nicht eigentlich glauben konnten, hatten sie ab dieser Zeit bei ihren Spaziergängen über die Insel, wenn sie an großen Betonbauten vorbei kamen, ein mulmiges Gefühl. Ebenso wurden die Besucher mit dem Gerücht konfrontiert, viele der Toten seien nicht beerdigt, sondern einfach über die Klippen ins Meer geworfen worden. Deshalb genüge es, um die Zahl der Toten zu erfassen, nicht, nach Gräbern zu suchen. Wiederum andere behaupteten, auf der Insel seien durchaus noch Massengräber vorhanden. Nur aus Pietät habe man die eigentlich notwendigen Grabungen bisher unterlassen. Das Ferienhaus war gemütlich und hatte Platz für alle. Jeden Abend las der 87-jährige einige Passagen aus den Memoiren seines Vaters vor. Auf diese Weise wollten die Besucher das in Erinnerung rufen, was der Flaksoldat als alter Mann niedergeschrieben hatte. Dem Bericht in den Memoiren folgend, ging es am ersten Abend um Informationen zur allgemeinen Lage und zur tatsächlichen damaligen Rolle des Verfassers.

„Die Insel unterstand zwei Kommandeuren: vom Heer und von der Marine. Da gab es Kompetenzstreitigkeiten, wenn es

darum ging, gegen Flugzeuge das Feuer zu eröffnen. Im Hafen liegende Schiffe ließen schon bei der geringsten Annäherung feindlicher Flugzeuge einen kolossalen Feuerzauber los. Sie wollten abschrecken. Unsere Flakoffiziere wollten aber abschießen – also zuwarten, bis für Abschüsse Chancen bestanden. 44/45, als wir abgeschnitten waren und macht- und hilflos am Hungertuch nagten, waren die Mariner – wie man munkelte – für Kapitulation. Aber Hitler hatte den raffinierten Befehl gegeben, dass jedermann einen defaitistischen Vorgesetzten beseitigen und sich an seine Stelle setzen dürfe. Das war ein böser Griff, gemischt aus Niedertracht und Neid. Gerade zwischen den Offizieren in verantwortlichen Stellungen errichtete es Barrieren. Jedermann traute niemand mehr. Auch unserem ehrgeizigen Batterie-Chef Oberleutnant Graf hätte ich jede Schandtat zugetraut".

Von Idylle also keine Spur. Dann Bemerkungen zu seiner persönlichen Lage.

„Auf Alderney war ich zunächst Geschützführer im Südwesten der Insel, weitab vom Troß, später" (ab 1. Dezember 1943, zugleich mit der Beförderung zum Wachtmeister) *„Leiter der Batteriebefehlsstelle im Nordosten beim Troß. Die Batteriebefehlsstelle war eine ebenerdig versenkte Baracke. Sie gehörte zur Feldstellung und durfte nicht wie der Troß in einem der nahe gelegenen Häuser untergebracht werden".*

Ein ganz einfacher Soldat, wie unsere Mutter es immer erzählt hatte, war ihr Mann also doch nicht gewesen, sondern ein Soldat mit besonderer Verantwortung und in einer besonderen Position. Dann ein Satz, der alle Zuhörer nachdenklich stimmte.

„Wir hatten in Bernay vor unserer Verlegung nach Alderney angenommen, vom Regen unter Umgehung der Traufe direkt in die Scheiße zu geraten. Das Gegenteil trat ein. Wir kamen in den Windschatten der Gefahr. Alderney war ein Ort der Lebensversicherung. Wir waren bis zuletzt für das feindliche Gegenüber uninteressant und deshalb ließ man uns in Ruhe, wenn wir Ruhe gaben".

Die anfänglichen Sorgen, es drohe den deutschen Soldaten auf Alderney besonders große Gefahr, hatten sich später also als übertrieben erwiesen.

Die folgenden Sätze deuten an, dass der Aufenthalt auf Alderney für den im Familienkreis stets *Père* genannten Vater/Großvater/Urgroßvater auch schöne Seiten gehabt hatte.

„Mein Geschütz stand eingegraben inmitten einer mageren Weide, die von Stechginsterbüschen durchsetzt war. So unangenehm, weil 1000-fach stachelig, diese undurchdringlichen Gesträuchgruppen auch waren, eine Art Macchia, so zauberhaft schön war ihre Blüte im Frühjahr. Vor seidig-blauem Himmel überragend den schleiernden Dunst des Meeres, standen die goldenen, honigduftenden Gebüschgruppen. Zum Farbakkord blau/gelb/grün kam an den felsigen Steilabfällen das Rot. Atlantisches Klima. Schnell ziehende Wolken landeinwärts. Frische und wohltuende Kühle. Kein Baumwuchs ob des ständigen Windes" (das hatte er auch in seinen Briefen erwähnt und seine Frau den Kindern und Enkeln erzählt). *„Im Winter viel schnell vergehender Schnee, kein Frost".*

Noch positiver klingen die nächsten Sätze.

„Wir kletterten – um zu baden, aus reiner Abenteurerlust, um zu fischen – hinab durchs Gefels der SO-Seite auf die Felstürme des Ufers. Ebbe und Flut wirkten hier mächtig. In Mulden und Rinnen des Gesteins standen bei Ebbe 1000 glasklare Aquarien. Eine Wunderwelt. Tag für Tag neu. Auch ohne unser beobachtendes Auge. An den Felswänden kletterten Schnecken, die so die nächste Flut erwarteten. Da die flachen Buchten vermint waren, badeten wir in diesen Klippen. Das war ob der Dünung und der starken Gezeitenströmung kein reines Vergnügen. Im Süden sahen wir im Dunst die blassen Silhouetten der großen Kanalinseln Guernsey und Jersey. Im Westen lag in 16 km Entfernung die Leuchtturminsel Gasquet“ (richtig: Casquets). *„Die Engländer kaperten einige Male die paar Männicken Besatzung. Wir Deutsche ersetzten brav das Gefangenschaftskommando“* (wie die für den dortigen Leuchtturm verantwortliche Besatzung, weil sie immer wieder gefangen genommen worden war und ersetzt werden musste, von den auf Alderney stationierten Soldaten offensichtlich herablassend genannt wurde).

An anderer Stelle in den Memoiren, aber in durchaus positivem Ton:

„Das Meer habe ich in Alderney lieben gelernt. Himmel und Meer als Spiegelbild, das gleich bleibt im Wechsel der Farben und Stimmungen. Und wir hatten als Soldaten Zeit, uns in Wasser und Himmel hineinzusehen – zu meditieren. Ich hatte dabei durchaus ein global-atmosphärisches Empfinden. Das Grunderlebnis war kosmisch und ästhetisch bestimmt, also positiv – insoweit es für mich eine Erprobung vor den Elementen Himmel und Meer war“.

Ganz offensichtlich empfand unser in Süddeutschland, in Eßlingen am Neckar und in Mannheim aufgewachsener Vater/Großvater/Urgroßvater die Atmosphäre auf der Insel Alderney als etwas ganz Besonderes. Das zeigt auch der folgende Satz:

„Sehr liebte ich im Sommer den atlantischen Himmel: die frische Brise, die ziehenden Wolkenbänder vor dem hellen Blau. Zum ästhetischen Genuss gehört unablösbar die wechselnde Sonne und der steife kühle – aber nicht kalte! – Wind".

Und dann, fast resignierend (geschrieben nur zwei Jahre vor seinem Tod 1975):

„Es wird sich in meinem Leben wohl nicht schicken, dass ich noch einmal nach Alderney komme. Auch für den Soldaten gilt es, den ‚Tag zu melken', so gut es eben geht".

Auch eine andere Stelle in den Memoiren deutet an, dass ihn die kleine Insel, auf die es ihn verschlagen hatte, faszinierte.

„Alderney war immergrün. Im Winter Sudelwetter, viel Regen und Schnee. Ich habe keinen Frost dort erlebt. So wenig mir solch nasse, windige unerfreuliche Winter gefielen, so war das Meer während der Stürme im Herbst und Frühjahr von faszinierender Gewalt".

Zum Thema „Idylle Alderney" passt auch folgende Passage in den Memoiren.

„Als Leiter der Batteriebefehlsstelle ließ ich Karten von den Stellungen zeichnen. Dazu konnte ich Wagner anfordern". Der mit ihm befreundete *„Obergefreite Karl Wagner kam gerne und nützte den Druckposten gründlich aus. Manchen Mittag saßen wir bei herrlichem Wetter am Steilabfall der Uferfelsen und zeichneten. Ich war bestrebt, möglichst exakt abzubilden, er formte den Ausschnitt zum Bild, vereinfachte und pointierte. Bei seinen Bildern stimmte alles und nichts. Als wir 45 in Gefangenschaft gerieten, hatte ich – barbarisch! – ein größeres Aquarell von ihm zusammengefaltet unten im Rucksack. Mein Befreier"* (ein ihn kontrollierender kanadischer Soldat) *„betrachtete es staunend. Ich sagte ‚Souvenir'. Er zerriss es lächelnd"*.

Wie es ihm gelang, aus Alderney und der Gefangenschaft ein von Karl Wagner von ihm dort gezeichnetes Porträt und eine ebenfalls von Karl Wagner gezeichnete Skizze von Felsen am Ufer von Alderney zurück nach Hause zu bringen, wissen wir nicht. Dieses Porträt und diese Skizze hängen heute bei mir, dem älteren Sohn, seit vielen Jahren an der Wand.

III.

Die Kriegsbriefe aus Alderney 1943/44 mit dem Bericht über das KZ auf der Insel

Nach dem Tod der Mutter hatten die drei Geschwister entschieden, den umfangreichen Briefwechsel der Eltern aus der Zeit des Zweiten Weltkriegs nicht im Familienbesitz zu behalten, sondern am besten in einem Archiv zu deponieren, wo diese einzigartige Quelle für die historische Forschung zugänglich sein würde. Sie entschieden sich, wie oben bereits erwähnt, für die Bibliothek für Zeitgeschichte in der Württembergischen Landesbibliothek in Stuttgart. Nach der intensiven Beschäftigung mit den Memoiren während des Aufenthalts auf Alderney, lag es nahe, aber doch noch einmal zumindest jene Briefe zu lesen, die der Vater aus Alderney nach Hause geschickt hatte. Denn auf diese Weise war es möglich, die Schilderung der damaligen Zeit in den Memoiren mit dem Inhalt der Briefe zu vergleichen, die er 1943 und 1944 an Frau und Kinder geschrieben hatte. Dass diese Briefe ihrerseits „nicht die ganze Wahrheit" enthalten würden, war ihnen dabei durchaus klar. Denn zu vermuten war, dass auch ihr Vater/Großvater/Urgroßvater, wenn er Briefe schrieb, wie alle, oder doch die meisten der Soldaten, die Briefe an ihre Angehörigen richteten, eine „doppelte Schere" im Kopf hatte: also nichts zu schreiben, was die Angehörigen zu Hause in unnötige Sorge versetzen würde, und nichts zu erwähnen, was der militärischen Zensur auffallen würde, also nichts über die tatsächliche militärische Lage, über Ausrüstung, Planungen und dergleichen. Schon nach wenigen Tagen war es im Herbst 2023 möglich, aus Stuttgart Kopien der Briefe zu erhalten.

Am 7. September 1943 schickte der Vater einen ersten Gruß aus Alderney. Die Insel sei, wie er in diesem Brief notierte, „*5 ½ km lang, 1 – 2 km breit, 90 m höchste Erhebung. Hügeliges Wiesengelände, ein kleines Dorf. Gute Unterkünfte. Jedenfalls lässt es sich hier leben. Seekrank war ich kaum*“ (auf der Fahrt nach Alderney per Schiff), „*ich hatte mich aber auch gehütet, vorher etwas zu essen. Überfahrt bei Nacht. 2 – 3 Stunden. Alles andere morgen, der Postbote wartet*“.

Noch am Nachmittag des gleichen Tages folgte eine ausführlichere Schilderung der Fahrt von Cherbourg nach Alderney.

„*Mein Magen tat lange mit*“, heißt es dort, „*erst als wir die Küste, an der wir entlang gefahren waren, verlassen hatten und die größeren Wogen des Meeres kamen, kam mir das Eingeweide hoch. Ich würgte auch 2 bis 3-mal*“.

Dann zu Alderney: „*Hier werden wir uns rasch einleben. Unterkunft sehr bequem, wenn auch verwohnt, Natürlich hatten wir uns es anders vorgestellt. Ich hatte an felsiges Geklipp*“ (meint wohl: klippenähnliche Felsen) „*gedacht, um das die Wellen tosen, Dünen vielleicht. Statt dem auf unserer Seite des Inselchens magere und unruhig bewegte Wiesen. Draußen stehen kleine Klippen und Inseln*“.

Erstes Fazit: *„Ist man einmal hier, ist es die reinste Lebensversicherung. Die Flieger meiden die stark bewachte Insel“.* Und dann direkt an die Frau gerichtet: *„Mach Dir also keine Sorgen, Hier ist es zum Aushalten und, was Dir wichtig ist, ich bin sicherer als drüben in Frankreich“.*

Zwei Tage später, am 9. September, ein weiterer Brief, der die Frau zu Hause beruhigen sollte.

„Die Tage laufen hier langsam. Man ist ja nicht auf ein bißchen Insel verbannt, sondern in einer Stellung, die ein Stacheldraht umsäumt. Unser Blick geht nach Norden. Hier liegen wir am Hang. An einigen kleinen Klippen-Inseln beobachte ich Ebbe und Flut. Wie still ist es hier, fern dem Krieg, trotzdem man mehr sieht als Geschütze und Hindernisse und Soldaten. Zum Schuss werden wir kaum kommen, weil Flugzeuge die schwer bestückte Insel meiden. Und einen Angriff, das heißt einen Versuch Englands, die Insel zu schnappen, brauchen wir wohl deshalb nicht zu fürchten, weil heute anderswo leichter zugegriffen werden kann, weil es England billiger haben kann, zu Erfolgen zu kommen“. Und weiter: *„Ich glaube, schon lange nicht konntest Du so unbesorgt um mich sein wie jetzt“.*

Der neu auf der Insel stationierte Flaksoldat besorgte sich ein Fahrrad und radelte in den ersten Wochen quer durch die Insel. Er wollte sehen, wohin es ihn verschlagen hatte. Bereits innerhalb der ersten Woche stellte er fest, dass es in der Nähe seiner Flakstellung ein Konzentrationslager gab.

„Ein Konzentrationslager ist hier“, schrieb er am 11. September 1943 an seine Frau. *„Heute hörte ich einem Streit zu, welches*

nun die ernsten Bibelforscher seien, die mit den grünen Beschlägen an den gestreiften Zuchthäusler-Drillichen oder andre. Man sieht ja alles: Zuoberst gefangene Russen. Drei haben wir selbst als Arbeiter und Handlanger im Zug. Sie tragen Uniformen (ohne Abzeichen allerdings) wie wir, sind gut ausgerüstet und werden ordentlich verpflegt. (Keine Rauchwaren allerdings und etwas weniger Brot). Aber sie haben so viel wie sie wollen, denn wir essen unsern Brot-Satz nie auf. Dann gefangene Franzosen, Farbige zumeist, unter eigenen Aufsehern. Denn entfliehen können sie hier ja nicht. Als drittes in Zuchthauskleidung: KZ-Leute und Verbrecher. Juden seien die einen, Bibelforscher die andern, wirkliche Verbrecher die dritten".

Bei dem im Brief erwähnten Konzentrationslager muss es sich um Beobachtungen im Lager mit dem Namen „Sylt" handeln, das im April 1943 von der SS auf Alderney eingerichtet wurde und das in der Nähe der Flakstellung lag. Unklar bleibt, ob es dem herum radelnden Flaksoldaten gelang, dieses schwer bewachte Lager zu betreten oder ob er seine Informationen auf anderem Wege erlangte.

Der eigenartig aufzählende Ton, in dem er in seinem Brief das Konzentrationslager beschreibt und der so klingt, als ob er auf der Insel ein Gehege mit seltenen Tieren entdeckt hätte, mag der Zensur geschuldet sein. Warum bleiben aber viele der Fragen, die sich in diesem Zusammenhang stellen, ungefragt: Seit wann sich diese höchst unterschiedlichen Personen in einem Konzentrationslager auf der Insel befanden, möchte man gerne wissen, und wie sie behandelt wurden. Nur zu den Lebensumständen der in seinem Brief erwähnten Russen macht er einige Informationen. Warum wird von ihm aber weder in den Briefen vom Herbst 1943 noch später in seinen Memoiren die SS erwähnt, die das Lager „Sylt“ bewachte, wohl aber in den Memoiren die Organisation Todt, in deren Auftrag alle Zwangsarbeiter auf der Insel schuften mussten? Hätte er die Existenz dieses Lagers auf der Insel überhaupt erwähnen dürfen? Warum hielt er es für nötig, dies alles seiner Frau zu schreiben? Durfte die deutsche Bevölkerung überhaupt wissen, dass es auf Alderney ein Konzentrationslager gab, und wen man dort eingesperrt hatte? War er sich, als er diesen Brief schrieb, bewusst, dass er Informationen zu Papier brachte, die er besser nicht niedergeschrieben hätte und die ihn möglicherweise mit der Zensur in Schwierigkeiten bringen könnten?Aufschlussreich sind auch weitere Passagen in diesem Brief.

„Auch Frauen sieht man. Meist verkommenes Gesindel. Und, in Offizier-Gesellschaft, hie und da dann Helferinnen vom Heer und Marine und Luftwaffe. ‚Alle in festen Händen, die sich Frauen leisten können‘ – so führten uns die Vorgänger in die Lage hier ein. Jedenfalls gibt es viele Offiziere, die gar nicht weg wollen. Sie haben es schöner als je in ihrem Leben“.

Dass die Besatzung auf Alderney einer Rotation unterlag, war militärische Routine. Trotzdem lässt auch diese Passagen viele Fragen offen. Wollte der Briefschreiber seine Frau mit diesen Bemerkungen beruhigen und ihr sagen, dass er ihr, auch wenn er weit entfernt sei, in jedem Fall treu bleiben würde?

Die Briefe der folgenden Tage bringen wenig Neues. Es scheint, dass sich im Leben der Besatzungssoldaten auf der

Insel relativ schnell eine gewisse Routine einstellte, und dass es im Grunde wenig zu berichten gab.

Am 12. September 1943 klagte der Vater in einem Brief über die Trennung, unter der er leide. Am nächsten Tag berichtete er, was er lese und dass die Frontbücherei nur wenig lesenswerte Bücher enthalte.

Am 15. September schilderte er die Postverbindungen, die von der Insel aus bestünden und versicherte seiner Frau zum wiederholten Male: *„Angst brauchst Du um mich ja gar keine haben"*.

Der Brief vom 16. September enthielt eine der wenigen Bemerkungen zur Lage und beklagte *„unsre momentane Ohnmacht in der Luft"*. Zusatz: *„Das muss sich einmal wenden"*.

Am 17. September bat er seine Frau, sie möge ihn doch mehr an ihrem Alltag teilnehmen lassen und ihr alles erzählen. Am gleichen Tag: Die Verpflegung sei knapp, aber ausreichend.

Im Brief vom 18. September erfahren wir, dass er Muscheln gesammelt und dabei die Wellen beobachtet und bei der Organisation Todt geduscht habe. Dieser Brief enthält auch folgende Beobachtung: *„Eine hohe Zementmauer – Panzersperre! – sperrt den für eine Landung günstigen Raum"*. Die hohe Mauer an der schönsten Bucht der Insel, die auch wir im September 2023 sahen, muss damals also schon fertiggestellt gewesen sein.

Besonders ausführlich war der Brief vom 19. September 1943, in dem der Briefschreiber seine Frau aufforderte, nicht ihren Mut zu verlieren.

„Du hast so wenig eine Wahl wie ich: wir müssen durchstehen und wir wollen durchstehen, und wir wollen uns besinnen auf alles, was uns hilft, die Zeit zu überstehen. Deshalb mach ich zum Beispiel auch niemand lächerlich, der an den großen, radikalen, kriegswendenden Vergeltungsschlag glaubt. So täuscht er sich über die Zeit hinweg. Es ist gar nicht so schlimm, sich Hoffnung einzureden, wo keine mehr ist. Bleibt sowieso noch genug, was getragen sein will. Man wird nachsichtiger gegen die anderen und auch gegen sich.

Eine ‚feste Weltanschauung' kann man sich nicht geschwind zulegen, die muss einem zuwachsen. Wir helfen uns jetzt schon, wenn wir tagtäglich vor dem Du alles im Brief ausbreiten. Wir wollen es in Zukunft noch ausführlicher und ernster tun. Denn zunächst bleibt nur dieser Weg über Tinte und Papier".

Dann ausführlich über Spaziergänge auf der Insel und über die gewaltige Distanz zwischen dem *„Bild des Friedens"*, das er dabei sehe und den Tod bringenden Waffen, die auf der Insel stationiert seien und deren schreckliche Wirkung er bei einem *„Gefechtsschiessen"* beobachtet habe. Am Steilhang der Südküste habe er Brombeeren gefunden, gleichzeitig aber *„überall umzäunte und verdrahtete Widerstandsnester"*, also Maschinengewehrstellungen.

„Der einzige Mensch jetzt in der Batterie, mit dem ich über Dinge sprechen kann, die mich interessieren", sei der Gefreite

Wagner, ein Gewerbelehrer aus Ravensburg, der gerne male, so weiter im Brief vom 19. September 1943.

„Die Insel hat ja so viele malerische Stellen. Es war gerade Ebbe. So konnten wir zusammen auf ein altes Fort hinausgehen, das bei Flut abgeschnitten ist. Erst einige Dünen, auch hauchfeiner, stahlharter Sand, das flache Ufer, gezeichnet mit dem Muster des zurückweichenden Wassers, irgendwie parallel anmutende Linien". Dann der Gegensatz: Steile Felsen, silbrig schimmerndes Wasser. *„Eine schwermütige und ernste Landschaft"*.

Mit Wagner besprach er *„die allgemeine Lage"*. *„Eigentlich weiß keiner was zu sagen"*. So ein erstes Fazit. *„Was wird noch kommen? Mir graut, wenn ich an die vergangenen vier Jahre denke, die ich nun schon Soldat bin. Die Zukunft ist so undurchdringlich, gar nichts ist abzusehen"*.

Auf dem Heimweg trinkt er noch ein Glas Rotwein im Soldatenheim, will aber in *„der lärmerfüllten Wirtsstube"* nicht bleiben. Resümee am Ende eines langen Spaziergangs: *„Wieder ein Tag! Wie viele noch?"*

In den Briefen der folgenden Monate findet man quälend lange Überlegungen über den Sinn des Lebens, über die Folgen der Trennung, über die Hoffnung, die nicht sterben dürfe. Die eine Seite, der Vater, argumentiert philosophisch, die andere Seite, die Mutter, eher christlich. Es würde zu weit führen, an dieser Stelle dieses komplizierte sich ineinander Verhaken von Argumenten und Gegenargumenten zu rekonstruieren. Der Postweg dauerte zwischen 7 und 20 Tagen. Da ist es immer wieder schwierig, genau zu wissen, welcher Brief auf welche Frage in einem anderen Brief eingeht. Möglicherweise gingen auch einige Briefe verloren. Von besonderen Eigenheiten von Alderney und von der besonderen Situation, in der er sich befindet, ist bald kaum noch die Rede. Die beiden Ehepartner versuchen vielmehr, den Kontakt zueinander nicht zu verlieren. Festzuhalten ist an dieser Stelle, dass es erstaunlicherweise zwischen der Schilderung der ersten Monate auf Alderney in den Memoiren und in den Briefen aus Alderney aus der gleichen Zeit im Grunde keine gravierenden Unterschiede gibt: Gewiss, deutlich mehr Details in den Briefen, viel mehr Persönliches, vor allem die wiederholte Versicherung, es gehe ihm dort gut, mehr aber nicht. Der Briefschreiber war erstaunlich offen – der Memoirenschreiber versäumte es dagegen, aus welchen Gründen auch immer, einzelne Aspekte dessen, was er erlebt hatte und an was er sich erinnerte, zu vertiefen. Eine Beobachtung am Rande: Wie man aus dem Vergleich einzelner Formulierungen in den Kriegsbriefen und in den Memoiren über Ereignisse der Jahre 1943 und 1944 schließen kann, hat der Memoirenschreiber, als er sich an die Arbeit machte, seine Kriegsbriefe, um seine Erinnerungen aufzufrischen, nicht noch einmal herausgeholt und gelesen.

IV.

Im Austausch mit dem Inselhistoriker Dr. Trevor Davenport

Noch vor der Abreise nach Alderney im September 2023 hatte sich der 1943 7- und inzwischen 87-jährige Sohn, der sich in seinem beruflichen Leben der Geschichtswissenschaft verschrieben hatte, an den Vorsitzenden des historischen Museums sowie des lokalen historischen Vereins von Alderney *(Alderney Museum* und *Alderney Historical Society)* mit der Frage gewandt, ob er denn möglicherweise Interesse an den Memoiren eines Flaksoldaten habe, der von 1943 bis 1945 auf Alderney stationiert gewesen sei. Die Antwort kam schnell und war positiv. Man wisse viel über die Ereignisse auf Alderney aus Quellen des Britischen Geheimdiensts, war die Antwort, viel auch aus Berichten von Insulanern nach ihrer Rückkehr auf die Insel Anfang 1946, und schließlich auch aus einem im Auftrag der britischen Regierung unmittelbar nach Kriegsende verfassten Bericht, dagegen kaum etwas aus der Feder beziehungsweise aus dem Mund von Soldaten, die auf Alderney stationiert waren. Deshalb sei er sehr an den Memoiren interessiert. Vielleicht stünde etwas in diesem Text, was er noch nicht wisse. Die Nachkommen des Besatzungssoldaten sollten ihn, sobald sie auf Alderney eingetroffen seien, besuchen und die Memoiren mitbringen.

Von den sieben Tagen auf der Insel im September 2023 hatten die Besucher, wie es sich nach ihrer Ankunft auf Alderney herausstellte, das außergewöhnliche Privileg, drei Tage zusammen mit dem Inselhistoriker zu verbringen. Am ersten Tag beschäftigten sie sich in den Räumen des Inselmuseums intensiv mit den Memoiren. An verschiedenen Themen hatte der Inselhistoriker besonderes Interesse: Erstens daran, wie die Invasion der Alliierten von auf Alderney stationierten deutschen Soldaten wahrgenommen worden sei. Was er wissen wollte, waren also spezifische Eindrücke vom D-Day. Zweitens interessierten ihn Berichte aus der auf die Invasion folgenden Zeit, der Phase der immer gravierenderen Knappheit an Lebensmitteln auf der Insel, der „Hungerzeit". Drittens wollte der Inselhistoriker wissen, ob und auf welche Weise in den Memoiren die auf der Insel von der Besatzung geschaffenen Lager mit Zwangsarbeitern geschildert würden: die drei Arbeitslager und das Konzentrationslager, das die SS unter sich hatte. Den drei Arbeitslagern hatten die Deutschen – in einer Anwandlung von Sadismus oder Sarkasmus und gerade so, als ob es sich um Ferienlager handeln würde – die Namen „Borkum", „Helgoland" und „Norderney" gegeben, dem Konzentrationslager wie erwähnt den Namen „Sylt".

Um zu verstehen, warum der Inselhistoriker an dieser Frage so sehr interessiert war, muss man wissen, dass in der britischen Presse im Sommer 2023 mehrere Berichte über Alderney erschienen waren, in denen die britische Regierung aus der Zeit des Zweiten Weltkriegs scharf kritisiert wird, weil sie ein Konzentrationslager auf britischem Boden geduldet und nichts unternommen habe, um die Schandtaten der Deutschen in diesem Lager zu beenden. Wie einige britische

Zeithistoriker behaupteten, seien während des Zweiten Weltkriegs in den Lagern auf Alderney viele Tausend Menschen ermordet worden, viel mehr, als bisher bekannt geworden sei, möglicherweise 40.000 und mehr. Auf Alderney seien außerdem Abschussrampen für V1- und V2-Raketen gebaut worden, die nicht mit den üblichen Sprengköpfen, sondern mit Giftgaspatronen hätten versehen werden sollen. Die Deutschen hätten die Absicht gehabt, mit diesen mit Gift bestückten V1 beziehungsweise V2-Raketen die Truppen zu vernichten, die sich auf der englischen Südküste versammelten. Auf diese Weise hätten sie die bevorstehende und befürchtete Invasion verhindern wollen. Nach wie vor verheimliche die britische Regierung jedoch alle diese Vorgänge und halte Akten, die ihre Vorgängerregierung aus der Zeit des Zweiten Weltkriegs schwer belasteten, unter Verschluss. Notwendig seien deshalb gründliche Recherchen, und um endlich einigermaßen belastbare Zahlen der auf Alderney ermordeten Zwangsarbeiter zu bekommen, notwendig sei ferner eine hochkarätig besetzte Untersuchungskommission, und notwendig seien schließlich umfangreiche Grabungen, um die in Massengräbern verscharrten Toten zu bergen. Nur auf dies Weise sei es möglich, die gesamte Zahl der im Zweiten Weltkrieg auf Alderney ermordeten Personen zu erfahren. Die Ermordeten, die von den Deutschen angeblich über die Klippen ins Meer geworfen worden seien – Hunderte? Tausende? –, könne man ohnehin nicht zählen. Die Frage, ob davon in den Memoiren berichtet würde, war also hoch aktuell. Zum Zeitpunkt der Niederschrift dieses Texts hatte eine offizielle Untersuchungskommission der britischen Regierung unter der Leitung von Lord Eric Pickles bereits ihre Arbeit aufgenommen. Ihr erklärtes Ziel war es, endlich „belastbare“

Zahlen der auf Alderney ermordeten Zwangsarbeiter zu finden, um damit allen Gerüchten und Spekulationen ein Ende zu setzen. Zur gleichen Zeit hat die International Holocaust Remembrance Alliance davor gewarnt, auf dem Gelände des ehemaligen Konzentrationslagers „Sylt" Grabungen durchzuführen. Die Totenruhe der von der SS ermordeten Personen dürfe nicht gestört werden. Sie hat damit für die Arbeit der Pickles-Kommission eine klare rote Linie gezogen.Nicht nur der Inselhistoriker, sondern auch die sechs Besucher interessierten sich außerdem für die Ereignisse in der allerletzten Phase der deutschen Besatzung auf der Insel, also in der Phase zwischen der offiziellen Kapitulation und der tatsächlichen Gefangennahme der deutschen Soldaten bis hin zu deren Abtransport nach Großbritannien. Von allen diesen Themen soll noch ausführlich die Rede sein.

Am zweiten Tag lud der Inselhistoriker die Besucher aus Deutschland zu einer Rundfahrt über die Insel ein: von Nord nach Süd, von Ost nach West, von Bunker zu Bunker. Erst auf dieser Rundfahrt wurde den Besuchern vollends klar, in welch gigantischem und in jeder Hinsicht maßlosem Ausmaß die deutschen Besatzer die Insel befestigt – man könnte auch sagen: mit hässlichen Betonbauten verschandelt – hatten. Keine Erhebung ohne in Beton gegossene Vorrichtungen für mehrere Geschützstellungen, keine Aussicht aufs Meer ohne gewaltige Betonanlagen, von denen aus man eventuelle Angreifer hätte beschießen können. Eine riesige Mauer am schönsten Strand, um einen eventuellen Angriff von Amphibienfahrzeugen zu verhindern. Kein Wunder, dass die Alliierten im Zuge der Landung in der Normandie gar nicht den Versuch machten, Alderney zu erobern, sondern ihre

Konvois in die Normandie in wohl kalkuliertem Abstand an Alderney vorbeiführten, sodass die auf Alderney stationierten Geschütze, deren Reichweite ihnen offensichtlich bekannt war, sie nicht erreichen konnten. Manche der Bunker waren seit langem mit Gebüsch überwachsen und nur noch als seltsame Hügel in der Landschaft zu erkennen. Eine ganze Anzahl von Bunkern war in den vergangenen Jahren aber wieder ausgegraben worden. Man konnte in sie hineinklettern und sich umsehen. Sie waren nunmehr historische Monumente, mit deren Hilfe man den gefährlichsten Abschnitt der jüngeren Inselgeschichte veranschaulichen wollte. Wie uns der Inselhistoriker mitteilte, war umstritten, ob man diese historischen Monumente, in der Regel massive Betonklötze, wieder ausgraben sollte. Ein Teil der Bewohner der Insel sei dafür. Nur auf diese Weise könne man das tragische Schicksal der Insel während des Zweiten Weltkriegs demonstrieren. Ein anderer Teil lehne diese Ansicht jedoch ab. Je rascher dieser Teil der Vergangenheit der Insel unter der Erde oder unter Gebüsch verschwinde, desto besser, argumentiere dieser Teil der Inselbewohner. Es gelte den Blick auf die Zukunft der Insel zu richten, und diese Zukunft liege im Tourismus, und nur die wenigsten Touristen interessierten sich für das düsterste Kapitel der Inselvergangenheit.Für die Frau des 1943 erst 7-Jährigen war die Rundfahrt über die Insel besonders belastend. Sie hatte den Zweiten Weltkrieg als Kind in Mannheim erlebt und von 1941 bis 1945 sehr viele Tage und Nächte im Bunker verbracht. Zunächst sah sie sich auf der Fahrt quer durch Alderney noch einige der Bunker an. Manchmal blieb sie, wenn wir zu einer neuen Bunkeranlage kamen, aber einfach im Auto sitzen; manchmal stieg sie aus und fotografierte. Sie hatte in ihrem Leben genügend Bunker von innen gesehen. Sie brauchte kein weiteres Anschauungsmaterial.

Mit Hilfe des Inselhistorikers gelang es den Besuchern, die beiden Lokationen zu finden, an denen der Vater/Großvater/Urgroßvater stationiert war. Es war hilfreich, dass in die Memoiren im Text über Alderney eine kleine Karte der Insel eingeheftet ist, auf der die beiden Stellen markiert sind, an denen der Verfasser, unser *Père,* seine Tage auf der Insel verbracht hatte. Die Flakstellung vom Herbst 1943 war eine inzwischen weitgehend mit Buschwerk überwachsene Anhöhe. Ohne kundige Hilfe hätten wir diesen Ort niemals gefunden. Von der oben erwähnten ebenerdig in den Boden eingelassenen Baracke der Batteriebefehlsstelle war nichts mehr zu sehen. Dazu folgende Passage aus den Memoiren:

„Neben der Batteriebefehlsstelle ließ Oberleutnant Graf für sich – und mich – einen kleinen Befehlsbunker bauen, Etwa 3 x 5 m, sehr tief, dick mit Balken und Erdreich abgedeckt. In dem Bunker liefen die Telefonleitungen, d. h. die Flugmeldungen zusammen“.

Wir fanden nichts. Die Natur hatte die Wunde geheilt, die man ihr zugefügt hatte. Den dritten Tag mit dem Inselhistoriker blieben wir in dem von uns gemieteten Häuschen. Er hatte nämlich eine ganze Reihe von deutschen Originalkarten aus den Jahren 1940 bis 1945 mitgebracht, die er, da er wenig Deutsch konnte, nur zum Teil verstand. So verbrachten wir den Tag damit, Abkürzungen aufzulösen und deutsche Begriffe zu erklären und, so gut wie es eben ging, ins Englische zu übersetzen. Besonders kundig erwies sich dabei unser jüngerer

Sohn, Enkel des Memoirenschreibers, der zwei Jahre bei der Bundeswehr gewesen war und sich in der von Abkürzungen durchsetzten Sprache der Soldaten gut auskannte. Besonderen Eindruck hinterließ bei den Besuchern eine wahrscheinlich bereits 1941 von den Besatzern entworfene Karte der Insel, auf der alle Orts- und Flurbezeichnungen sowie alle weiteren, aus dem Englischen oder Französischen stammenden Begriffe konsequent ins Deutsche übersetzt worden waren, deutsche Namen für jede Bucht, jeden Felsen, alle Straßen und Wege. Man konnte aus dieser Karte folgern, die deutsche Besatzung hätte den Plan verfolgt, die Insel komplett zu germanisieren. Wir fragten uns jedoch, ob diese Deutung tatsächlich stimmt. Zur Orientierung der Soldaten hätten ein paar einfache Hinweise genügt. So groß ist die Insel ja nicht. Oder hat diese Karte nicht vielleicht einen ganz anderen Hintergrund? Entsprang sie etwa Gedankenspielen eines zur Wehrmacht eingezogenen Sprachwissenschaftlers und Übersetzers (vielleicht sogar eines Studienrats, der sich auf Alderney langweilte), der sich überlegte, wie die diversen anglo- und frankophonen Bezeichnungen auf der Insel am besten ins Deutsche übertragen werden könnten? Wollte er damit vielleicht seinen Vorgesetzten imponieren und die Erlaubnis zu einem Sonderurlaub erwirken? Oder hat diese Karte nicht doch einen handfesten politischen Hintergrund: die Absicht nämlich, nach dem von den Nazis angestrebten Endsieg Alderney ins Großdeutsche Reich einzuverleiben, als Vorposten deutscher maritimer Interessen an strategisch wichtiger Position auf dem Seeweg vom Ärmelkanal in den Atlantik, so wie in den 1890er Jahren der damalige Reichskanzler Caprivi die deutsche Kolonie Sansibar gegen das strategisch in der deutschen Bucht gelegene Helgoland eingetauscht hatte, um auf diese

Weise die Aktionen der deutschen Marine in der Nordsee und die deutschen Handelsrouten abzusichern?Dazu passt der gelegentlich in der Literatur zu findende Hinweis, Hitler hätte beabsichtigt, die Insel Alderney nach Kriegsende zu einem Teil des sogenannten Großdeutschen Reichs zu machen. Im Netz ist Alderney inzwischen auch unter „Adolf Island" zu finden. Dieser Name ist, soweit bisher bekannt, nicht etwa eine sarkastische Ausgeburt von britischem Humor, sondern eine von den Soldaten, die Alderney zur Festung ausbauten, verwendete Bezeichnung. Das Kennwort „Adolf" stand für Alderney, ebenso wie das Kennwort „Julius" für Jersey stand und „Gustav" für Guernsey (schon im 19. Jahrhundert verehrte das preußische Militär Julius Cäsar und den schwedischen König Gustav Adolf als große Feldherren). Angeblich war unter den auf Alderney stationierten Soldaten bekannt, wie stolz Hitler darauf war, dass es der Wehrmacht gelungen war, ein Stück Großbritannien zu okkupieren – prägnant beschrieben unter dem Stichwort „Hitlers Inselwahn" (so der Titel eines Buchs über die Kanalinseln unter deutscher Besatzung von John Nettles). Der Name „Adolf Island" wäre demnach als Hommage an den Führer zu verstehen.

V.

Zur militärischen Lage auf der Insel 1943/44 nach den Memoiren

Ob denn in den Memoiren nichts vom Krieg im Ärmelkanal berichtet würde, wurde von den Besuchern während ihres Aufenthalts auf der Insel immer wieder diskutiert. Immerhin sei Alderney ein Außenposten der Nazi-Wehrmacht und ein exponierter Stützpunkt des Atlantikwalls gewesen. Nicht viel, zeigte ein Blick in die Memoiren, aber doch einige Episoden, die ein Schlaglicht auf die Verhältnisse auf der „Festung Alderney" werfen und die zeigen, dass die auf Alderney stationierten Soldaten immer wieder in durchaus gefährliche kriegerische Handlungen verwickelt waren. Dazu weitere Abschnitte aus den Memoiren.

„Aus Richtung 10, das war aus Richtung Sonne, griff ein Jagdverband an. Wir schossen Sperrfeuer. Graf" (Oberleutnant Graf) *„tauchte aus seinem Bunker auf und warf sich aus Angst sofort auf die Nase. Die Landser grinsten. Von da ab zeigte er sich niemals mehr am Geschütz. Richtig der Gefahr ins Auge sahen nur die Flugmelder und der Geschützführer. Standen der Batterie-Chef oder ich bei einem Angriff am Geschütz, konnten wir nicht weniger Mut zeigen als diese, die Mannschaften hatten mechanisch ohne zu denken ihre Aufgaben zu erfüllen. Im geschilderten Fall drehten die Angreifer vor der Sperrfeuerwand ab; sie ließen in der Kurve ihre Bomben fallen, die ins Meer klatschten".*

Zum Thema militärische Bedrohung hatte der Memoirenschreiber, wie wir herausfanden, noch weitere Episoden festgehalten.

„In einer pechdunklen Nacht wurde ein Transport mit Vieh, das zu uns kommen sollte, unweit der Insel von englischen Kanonenbooten versenkt. Wir hörten das Brüllen der ertrinkenden Tiere. Am andern Morgen lagen angeschwemmte Tierkadaver am Strand".

Ausführlicher behandelte er ein nächstes Beispiel.

„Ein Angriff ist ein Test. Wir saßen am Mittagstisch. Für die Chargen aus Troß, Batteriebefehlsstelle, Revier und benachbartem dritten Zug wurde gemeinsam ein Tisch gedeckt. Die Geschützbedienungen aßen an ihren Geschützen. Plötzlich Maschinengewehrsalven und krachende Bomben. Konfusion. Wenige stürmten zu den Geschützen. Mutige Helden warfen sich auf den Boden der Baracke, drückten sich in die Wandnischen, manche blieben erstarrt am Essenstisch sitzen".

Da in der englischen Presse in jüngster Zeit die Frage aufgeworfen wurde, ob bestimmte Betonbauten auf Alderney nicht darauf hindeuteten, dass die Deutschen versucht hätten, von Alderney aus V1- und V2-Raketen aufs englische Festland zu schießen, war die folgende Passage in den Memoiren für uns alle, besonders aber für den Inselhistoriker, von besonderem Interesse. Denn diese Passage widerlegt die Gerüchte, auf der Insel seien V1- und V2-Raketen stationiert gewesen.

„In manchen Nächten beobachteten wir wie vom Festland“ (also der französischen Nordküste) *„aus, direkt von der Steilküste, Projektile mit riesiger Leuchtspur Richtung England abgeschossen wurden. An manchen Tagen kamen feindliche Verbände und bombardierten die Abschußstellen. Wir konnten uns keinen Reim auf die Vorgänge machen, obwohl von einer Geheimwaffe gemunkelt wurde. Es waren die V1- und V2-Raketen, die von hier aus bis London flogen. Für uns war der Vorgang ein Schauspiel. Das Schießen mit Leuchtspurmunition bei Nacht hatte immer eine ästhetische Komponente. Diese Zugabe, die ästhetische, blitzte mitten in der Gefahr immer wieder auf. Ein anderes Moment, das – oft nur augenblicksweise – vorhanden war, gehörte dazu: das Zuschauersein. Wenn Feuerfontänen von Bombenteppichen am laufenden Band hochgehen. Ergänzend dazu das Erlebnis des Standhaltens, des Mutes. Gewiss, auch heute“* (geschrieben 1973!), *„bei aller Diffamierung des Soldatischen, nicht nur negative Tugenden. Man steht in einer Grenzsituation, das stumme Schicksal waltet“.*

Ob damals Vorbereitungen für den Bau von Raketenstellen auf Alderney getroffen wurden und ob geplant war, diese Raketen mit Giftgaspatronen zu bestücken, wie 2023 in einigen britischen Zeitungen behauptet wurde, lässt sich mit diesem Text allerdings weder belegen noch entkräften. Zu unserem Erstaunen konnten wir bei einem Besuch im historischen Museums feststellen, dass die folgende Schilderung dort auch dokumentiert war: der Angriff des englischen Schlachtschiffs „Rodney“ auf die deutsche Besatzung auf Alderney, allerdings ohne die in den Memoiren festgehaltene Vorgeschichte und ohne die in den Memoiren ebenfalls geschilderten Auswirkungen.

„Ein feindlicher Frachter war aus unbekannten Gründen in die Gewässer um Alderney und in die Schussweite unserer Artillerie geraten. Der Beschuss war eine Zielübung, dabei ungefährlich, da keine Gegenwehr erfolgte. Das Fahrzeug wurde fahruntüchtig geschossen und trieb mit der Strömung ab; es versank aber nicht. Dieses ‚Hasenschießen' sollte am Tag darauf sich umkehren. Wir wurden von dem schweren englischen Schlachtschiff ‚Rodney' beschossen. 40,6 cm Granaten – dagegen gab es von uns keine Gegenwehr".

Dann so, als ob er die von ihm geschilderten Ereignisse erst kurz zuvor erlebt hätte:

„Wir kamen eben vom Mittagessen. Als ich die Stufen der eingegrabenen Baracke hochstieg, sah und hörte ich Detonationen. Ich rief sofort bei der Artillerie an. ‚Warum schießt Ihr? Was ist los?' - ‚Wir werden beschossen!!'

Über der Insel, in einer Höhe, die keine Waffe von uns erreichen konnte, kreiste ein winziges Flugzeug, Wir brauchten eine lange Sekunde, bis wir begriffen, dass das ein Beobachtungsflugzeug war. Die Einschläge erfolgten in regelmäßigen Abständen, als Salven. Mit dem Fernglas sahen wir es deutlich: Richtung Cherbourg lag als dunkle Silhouette am Horizont ein Schiff. Dort blitzte es auf, wenn es nachfolgend bei uns einschlug. 25 km. Dorthin konnte kein Geschütz von uns greifen. Die Salven waren exakt gezielt. Sie galten unserer Artillerie, die am Vortrag so billige Triumphe gefeiert hatte. Die Breitenstreuung der Einschläge war gering. Wir lagen genau auf der Linie der Tiefenstreuung, aber auch diese wurde immer geringer. Alarm! Wer wusste, was der unangreifbare Gegner vorhatte. Mein gutes Fernglas zeigte mir genau, was geschah: Aufblitzen der Abschüsse, 50 Sekunden Pause, dann die Einschläge. So ging das Spiel lange Zeit. Hinausschauen und Beobachten, Kopf-

Einziehen und Zuwarten, usw. Immer in der Erwartung, dass neue Ziele gesucht würden, dass Schüsse zu kurz“ (gemeint wohl: über kurz oder lang) *„bei uns liegen könnten. Keine Angst, wohl aber Furcht! Der nächste Augenblick war ungewiss. Doch alles war natürlich banal, wie immer. Alltäglich. Es kam nur eine seltsame Möglichkeit hinzu: vernichtet zu werden. Ich war mir bewusst, dass dies eine Situation an den Grenzen des ‚Vorhandenseins‘ darstellte. Neugierige Stille. Ein Ausgesetztsein ohne Stimme und Antwort. Ein Würfelspiel des unpersönlichen Schicksals. Wie verbringt man eine solche Viertelstunde, eine Halbestunde, eine Stunde? Leer sollte die Zeit nicht sein. Ich griff zu Lesestoff, den ich mitgenommen hatte. Die Bibel? Faust? Zarathustra? Es war irgendwas“.*

Hatte er wirklich Goethe und Nietzsche dabei und eine Bibel, fragten wir uns, als wir diese Stelle lasen. Oder war dieser letzte Satz eher 1973 seiner Fantasie entsprungen?

Dann weiter im Text der Memoiren, ohne Absatz, nun aber vom Erlebten hin zu Grundsätzlichem:

„Gänzlich unmotiviert für uns hörte die Beschießung auf: Unsere Artillerie war „im Eimer“. Das war kein ritterlicher Kampf, so wenig wie die Beschießung des Frachters am Tag vorher. Dazu gehört kein Einsatz. Ritterlich ist, was sich in Angriff und Abwehr in etwa die Waage hält. Die Führung – hüben wie drüben – war darauf aus, diese Situationen des Risikos zu vermeiden und eindeutige Überlegenheiten in bestimmten Lagen herbeizuführen. Das eine Mal: immer drauf – ohne Risiko; das andre Mal: sich-ducken ohne eine Möglichkeit der Gegenwehr. Vernichten ohne Risiko, das war doch die Parole beiderseits. Und der Sieger identifiziert seine

Kraft mit der seiner Waffen. Die Waffen waren wichtiger geworden als der Mensch. Und das illustrierten auch die Wehrmachtsberichte, in denen es um Panzer, Flugzeuge und Bruttoregistertonnen ging. Hier liegt die Degeneration des Krieges. Ihre Konsequenz: der Angriff auf wehrlose, offene Städte".

Wie aus den Memoiren hervorgeht, geriet der auf Alderney stationierte Vater/Großvater/Urgroßvater bei zwei weiteren Gelegenheiten in Lebensgefahr, allerdings nicht auf der Insel. Im Herbst 1943 war er zu einem „Lehrgang für Schiffserkennungsdienst" abkommandiert nach Cherbourg. An einem freien Nachmittag sammelte er, wie er in den Memoiren schreibt, dort an einem flachen Strand westlich vom Hafen Muscheln.

„Da tauchten feindliche, zweimotorige Verbände in mittlerer Höhe auf, zogen über dem Hafen eine große Kurve, ließen ihren Bombensegen über den Hafen und seine Umgebung niederprasseln und verschwanden Richtung See. Im gleichen Moment stürzten von der Landseite aus großer Höhe einzelne Maschinen im Sturzflug auf den Hafen. Die im Hafen postierte leichte und mittlere Flak schoss ein massiertes Abwehrfeuer. Die Verteidiger wurden überrascht durch eine dritte Angriffswelle: von See her, so tief, dass man meinte, die Maschinen säßen auf dem Wasser auf, kamen Jagdbomber übers Hafenbecken und ließen dabei ihre Eier fallen. Die 2 cm-Flak, die auf Holztürmen an der Mole postiert war, schoss – mit ihren Sprenggranaten – so flach, dass sie rings um mich her im Sand einschlugen. Von den Höhen hinter Cherbourg schoss die 8,8 Sperrfeuer. Ein kombinierter Angriff auf ein Punktziel. Ein grandioses Schauspiel, das allerdings für mich – mitten inne – lebensgefährlich

war. Ich warf mich zur Deckung hinter einen Felsblock, der aus dem Ufersand herausragte“.

Nach wenigen Minuten war alles vorbei. Der Strand war wieder zur *„harmlos-schönen Idylle“* geworden.Die zweite gefährliche Situation ereignete sich ebenfalls 1943 während eines Heimaturlaubs. Auf der Fahrt nach Hause geriet der Vater/Großvater/Urgroßvater in Frankfurt in einen *„Großangriff“.*

„Die Züge wurden entleert, die Reisenden in Luftschutzräume befohlen. Vom Kind bis zum Greis war alles zusammen. Wimmern und Jammern und Schreien. Eine ansteckende Angst. Welch eine Befreiung bedeutete es, als der Luftschutzwart erschien und uns zum Löschen befahl. Eine Saat von Brandbomben war über die Dächer niedergegangen. In den entrümpelten Bühnenräumen fanden wir Sand zum Löschen und Handwerkszeug. Ich trat auf eine Dachterrasse hinaus. Der Lichtdom der Scheinwerfer, das Feuerwerk der Abwehrgranaten; aufblitzende Feuerfontänen. Überall ausbrechende Dachbrände. Eine großartige Szenerie. Das dumpfe Kellerunbehagen war verflogen. Ich hatte den Himmel über mir, übersah die Gefährlichkeit der Situation, erkannte die wenigen Augenblicke wirklicher Gefahr – und ich hatte eine Aufgabe, ich konnte zugreifen, beim Löschen helfen“.

Ob er seiner Frau, nachdem er sein Ziel erreicht hatte, von dieser Situation erzählte? Den drei Kindern jedenfalls nicht. Denn die hätten sich später gewiss an diese dramatische Geschichte erinnert. Dass ihn deutsche Flakgeschütze in Cherbourg in große Gefahr gebracht hatten, erwähnte er in keinem seiner Briefe.

VI.

Die Familie in Talheim und der Vater während des D-Day auf der Insel

Die Kinder waren 5, 8 und 11 Jahre alt, als im Juni 1944 ihre Mutter in helle Panik geriet. Die Familie wohnte nach wie vor im kleinen Dorf Talheim bei Tuttlingen, wo der Vater als Lehrer gearbeitet hatte, bis er zur Flak eingezogen wurde. In Talheim, gelegen auf einer Hochebene zwischen Schwäbischer Alb und Schwarzwald, war der Schweizer Radiosender Beromünster gut zu empfangen, und in Radio Beromünster hörte im Juni 1944 die Mutter Berichte von der Invasion der Alliierten in der Normandie. Sie konnte sich diese militärische Aktion nur so vorstellen, dass die Angreifer wie eine große Flutwelle alles, was sich ihnen in den Weg stellte, überrollt hatten, nicht zuletzt die von den Deutschen besetzten Kanalinseln, auch die Insel Alderney. Sie fürchtete, wie sie glaubte zurecht, ihr Mann könnte bei diesen Kämpfen ums Leben gekommen sein. Das ließ sie auch die Kinder wissen. Tausend Fragen ohne Antwort. Was sollte aus der Familie ohne Vater werden? Tränen, Gebete. Radio Beromünster berichtete Tag für Tag vom Erfolg der alliierten Offensive. Die Ungewissheit dauerte, was anfangs nicht vorauszusehen war, aber nur wenige Tage. Denn schon nach relativ kurzer Zeit erfuhr die Familie in Talheim, dass Alderney bei der Invasion verschont geblieben war und der Vater noch am Leben sei. Und wenige Tage später erreichten Briefe aus Alderney auch wieder Talheim. Davon später mehr. Zuerst ein Blick in den Bericht über D-Day in den Memoiren.Zur Erinnerung an dieser Stelle: Wie ihr Vater die Invasion tatsächlich erlebt hatte, erfuhren die Kinder erst als Erwachsene, Mitte der 1990er Jahre aus den Memoiren, also erst 30 Jahre nach der Invasion. Dass ihn dieses Ereignis auch noch im hohen Alter besonders beschäftigte, lässt sich daran ablesen, dass er es in den Memoiren ausführlich behandelte, dass er sich offensichtlich noch genau daran erinnerte, kurzum, dass er es für besonders erinnernswert hielt. Hier, was er 1973 zu Papier brachte.

„Vom 5. bis 6.Juni 1944 hatte ich Flugmeldebereitschaft für die Flak der Insel. Wir waren ringgeschaltet. Ein Batteriebefehlsstellen-Offizier oder sein Stellvertreter war pro Nacht verantwortlich für Schlaf beziehungsweise Alarm. Graf war weg; wie oft. Deutsche Do 110 waren nach England über die Schneise Alderney eingeflogen. Bis zu ihrer Rückkehr bestand absolutes Schießverbot. Konnte bis zum frühen Morgen dauern. Keine ungewöhnliche Situation“.

Was die Do 110 angeht, hat sich, nach 30 Jahren durchaus verständlich, unser *Père* wohl falsch erinnert. Es muss sich um die Me (Messerschmitt) 110 gehandelt haben. Sein Bericht in den Memoiren geht weiter wie eine Reportage.

„Ich lag angezogen auf der Falle, den Kopfhörer am Ohr. Nach Mitternacht kamen die ersten Einflugmeldungen. Bald dröhnte der ganze Himmel. Alarm überall. Über den Wolken einfliegende Verbände. Doch es bestand Schießverbot.

Die Situation war neu. Es geschah etwas Außergewöhnliches. Unsere Flugmeldezentrale blieb standhaft. Schießverbot bis unsere Verbände zurück sind. Wer hier schoss, riskierte das Kriegsgericht.

Trotzdem: Ein Chef einer 8.8 cm Batterie befahl Sperrfeuer. Brennende Abstürze aus den dichten Wolkendecken heraus ins Meer. Das Dröhnen rückte etwas weg von Alderney, Richtung Cherbourg.

Beim Morgengrauen sahen wir die Bescherung am Horizont. Ein Wald von Schiffsaufbauten; tief einfliegende Ketten von Lastenseglern. Es war die lange erwartete Invasion der Engländer und Amerikaner: eine dritte Front entstand. Das ging nun tagelang. Ein Termitenzug, von fernher übers Meer kommend, ins Land einbrechend mit Übermacht. Wir waren zu Zuschauern degradiert. Der Name Luftbrücke wurde, glaube ich, erst später geprägt. Hier war verwirklicht, was er meint. Die niedrig einfliegenden Verbände kamen bei Tag nur einmal über Alderney nahe, wurden beschossen und wichen fortan aus. Eine schwere Bomberstaffel überflog Alderney in etwa 8000 m. Unsere 8,8 schoss ein paar Flugzeuge heraus. Wir sahen, wie die Maschinen sich in der Luft in Teile zerlegten, abtakelten. Die Mannschaften versuchten sich zum Teil mit Fallschirmen zu retten. Sie wurden vom Wind weitab übers Meer getrieben. Von uns liefen Motorboote aus, die Männer zu retten. Beim hohen Seegang fand sie niemand".

Eigentlich hatten die auf dem schwer befestigten Alderney stationierten Truppen die Aufgabe, mögliche Angriffe der Alliierten gegen die nordfranzösische Küste abzuwehren. Schon wenige Tage nach dem D-Day konnte davon aber nicht mehr die Rede sein. Vielmehr konnte man von Alderney aus nunmehr den Fortschritt der alliierten Offensive beobachten.

„Etwa 10 Tage darauf sahen wir, wie die Halbinsel Cotentin vom Süden her aufgerollt wurde. Wir standen an den Basen unserer E-Messer und sahen zu, wie in 15 km Entfernung die USA-Panzer vordrangen. In einer breiten Rinne, die zum Meer abfiel, blieben die dunklen Panzer stecken. Hier war noch deutscher Widerstand. Pause. Ein Pulk Bomber kam und legte seine Eier in die sich wehrenden deutschen Nester. Nochmals ging der Angriff nicht voran. Wiederholung der Bombardierung. Wir sahen einige Flugzeuge brennend abstürzen. Aber der deutsche Widerstand war nun endgültig an dieser Stelle gebrochen“.

Was folgt, ist die Erinnerung an einige Überlegungen in dieser merkwürdigen Situation:

„Die dicht gedrängten Invasionsschiffe hätten ein ideales Ziel für deutsche Bombenflugzeuge abgegeben. Es war uns unbegreiflich, dass nach den von Kraft- und Sieg-strotzenden Wehrmachtberichten unsere Luftwaffe verschwunden blieb. Die Schlauen unter uns mutmaßten, dass Adolf seinen Feinden ein zweites Dünkirchen bereiten wolle (1940). Dazu müssten sie aber erst in Brückenköpfen massiert sitzen, um sie dann mit ‚Mann, Roß und Wagen‘ ins Meer werfen zu können“.

Erste Erkenntnis: *„Wir waren abgeschnitten. Der Kampf um den entscheidenden Einbruch in die Atlantikfront war ohne uns abgelaufen. Die Alliierten ließen die Insel einfach links liegen. Wir begriffen allmählich, was für uns und für Deutschland die Stunde geschlagen hatte“.*

Zweite Erkenntnis: *„Wir waren auf Eis gelegt. Eine Absperrung von einem Jahr begann. Bald setzte eine strenge*

Rationierung der Lebensmittel ein. Die Hungerzeit folgte. Es dauerte jedoch lange, zu lange, bis bei uns die richtigen Schlüsse aus der neuen Situation gezogen wurden, das heißt, bis wann man den Kräfte zehrenden Dienst auf ein Minimum reduzierte. Die Pioniere neben unserer Stellung begannen nun erst recht im Stollenbau fortzufahren. Sie kamen als erste Gruppe der Inselbesatzung körperlich auf den Hund. Unser Dienst beschränkte sich bald auf Flug-Wachen und auf Geschützinstandhaltung".

Nach der abendlichen Lektüre des Berichts, den unser Vater/Großvater/Urgroßvater über die Invasion in seinen Memoiren gegeben hatte, diskutierten wir lange. Den Satz: „*Es bestand Schießverbot*" hatten wir zur Kenntnis genommen. Ebenso den Satz: „*Unsere Flugmeldezentrale blieb standhaft*". Stimmte dieser Bericht tatsächlich, fragten wir uns, oder hatte ihm sein Gedächtnis beim Blick zurück einen Streich gespielt? Denn wenn sein Bericht stimmt, hatte er, weil er – auch aus Angst vor dem Kriegsgericht – strikt am Befehl, nicht zu schießen, festhielt, daran mitgewirkt, dass die deutschen Soldaten auf Alderney in jener Juni Nacht vom 5. auf den 6. Juni 1944 möglicherweise vor einem vernichtenden Bombardement durch die Alliierten bewahrt wurden. Hatte unser *Père,* weil er an einem Befehl festhielt, damals also etwas Außerordentliches geleistet, fast so etwas wie eine Heldentat – fast zu schön, um wahr zu sein, auch wenn die Angst vor einem Kriegsgerichtsverfahren eine Rolle gespielt haben mochte. Wir scheuten uns, diese Episode mit dem Inselhistoriker zu erörtern. Irgendwie waren wir nicht sicher, wie wir sie deuten und die mögliche Heldentat mit ihm erörtern sollten.

VII.

Briefe 1944 zum D-Day und zur bevorstehenden Hungerzeit auf Alderney

Aus den Briefen, die der Vater im Juni 1944 nach Hause geschickt hatte, wird das in den Memoiren gegebene Bild an vielen Punkten ergänzt. Beginnen wir mit dem Brief vom 4. Juni 1944, also zwei Tage vor dem D-Day.

„Heute früh ging es wieder rund. Die Tommys waren unterwegs. Cap de la Hague, Guernsey, überall rauchte es. Bei uns ist es immer noch märchenhaft still. Uns sparen sie genau aus. Bei unserer Bestückung lohnt es sich nicht, und die großen Peilgeräte fehlen hier. Sie will er drüben ausschalten. Wir merken ja erst, dass irgendwo was Wichtiges steht, wenn es dort Bomben gibt. Das ist der Beweis. Ich sitze dabei in der Vermittlung und warte auf Meldungen".

„Es ist ein stiller Abend. Ich bin allein und mit allen Gedanken bei Dir", so im Brief einen Tag später, am 5. Juni 1944. *„Mörikes Mozart-Novelle, ausgewählte Briefe Goethes, das Stundenbuch von R. M. Rilke: mit ihnen will ich den Abend in Ruhe verbringen. Ein wenig beschaulich in mir ruhend, und ein wenig sehnsüchtig, mit dem Herzen Dich suchend".*

Dann, ohne Übergang: *„So jetzt war x-mal Alarm. Ein Fernspruch kam und ich hatte Springerei. Mit der seelischen Ruhe ist es vorbei".*

Keine Kommunikation mit der Familie für mehrere Tage. Die nächste Nachricht aus Alderney erreichte die Familie eine Woche später. Sie kam aber nicht direkt von der Insel, sondern aus Paris von einem Hauptmann Johannes Neher, abgeschickt in Paris am 9. Juni 1944.

„Soeben habe ich mit Ihrem Mann telephoniert, vom Festland aus, gesprochen, und“ (er hat) *„mich gebeten, Ihnen mitzuteilen, dass er noch wohlauf und auf der Insel sei. Da zur Zeit keine Postverbindung von der Insel zum Festland besteht, hat Ihr Mann keine Gelegenheit Ihnen persönlich zu schreiben, was ich hiermit nachhole. Frau Lehmann und Kinder, seien Sie unbesorgt, wenn sich Besonderes einstellen sollte, werde ich Sie sofort benachrichtigen. Auch möchten Sie Ihrem Mann nach wie vor weiter schreiben. Ihnen ferner zur Kenntnis, dass der Freund Ihres Mannes, der Obergefreite Wagner, bei der Rückkehr vom Urlaub von Tieffliegern verwundet wurde. W. liegt in einem Lazarett“.*

Große Erleichterung, verständlicherweise. Die Mutter und die Kinder lagen sich weinend in den Armen. Es bestand also Hoffnung, dass der Vater doch wieder zurückkehren würde. Direkte Post aus Alderney erreichte Talheim mal schnell, mal langsam. Wann welcher Brief ankam, lässt sich nicht mehr rekonstruieren. Folgen wir deshalb den Datumsangaben auf den Briefen und damit der Reihenfolge, in der die Briefe geschrieben wurden. Demnach erreichte zuerst eine Art Sammelbrief – hingeworfene, schwer lesbare Notizen, begonnen am 7. Juni und erst am 9. Juni abgeschlossen – die Familie in Talheim. Er liebe seine Frau, der er alles Wichtige in seinem Leben verdanke, so in diesem Brief. Ein Abschiedsbrief, so scheint es, falls er nicht mehr nach Hause kommen würde.

Wegen der zwei Abschüsse in der Nacht vom 5. auf den 6. Juni habe er mit Papierkram zu kämpfen, so am 8. Juni. *„Der Alte lässt alles an mir hängen"*.

Er sei völlig überarbeitet und komme nur auf 3 bis 4 Stunden Schlaf, so am 9. Juni. Aufschlussreich ein weiterer Satz aus diesem Brief. *„Ich schreibe ins Blaue hinein, weil ein kleines Prozentchen Möglichkeit besteht, dass die Post läuft"*.

Im nächsten Brief, geschrieben am 9. Juni 1944, bekommt die Frau eine ausführlichere Schilderung.

„Nachtdienst am Telephon. Ich bin aber sehr müde – überarbeitet, übernächtigt. Der deutsche Kommiß hat, nachdem bei uns der Ansturm nicht erfolgte, wieder den Papierkrieg aufgenommen, als säßen wir noch für Jahre hier. Heute Abend Aufregung. Englische Zerstörer waren in 20 km Entfernung als Silhouetten aufgefahren. Flugzeuge sehen wir stündlich, das ist das gewohnte" (Bild) *„und regt niemand mehr auf. Nun aber die Kriegsschiffe brachten alle auf die Beine. Es ist nicht der erste Schiffsalarm seit dem 6. Juni. Doch war er seither stets bei Nacht. Es wurde von den ganz schweren Batterien hier sogar geschossen. Das regte aber alles nicht so auf, als nun das Gesehene! Eigentlich müsste man meinen, es müsse umgekehrt sein. Aber der Landser wird stur, wenn es nicht immerfort irgendwo schießt. Dann denkt er nichts mehr dabei. Selbst das Drohende eines nächtlichen Schiffsalarms empfindet er nicht"*.

Wie der folgende Satz zeigt, bestand trotz aller Gefahren wenige Tage nach dem D-Day aber schon wieder ein Hauch von Alltag.

„Heute konnte ich nun, was ich schon lange anstrebte, mit der Marketenderware einen alten französischen Likör (Benediktiner) bekommen. Ich habe aber keinen rechten Spaß damit, da keine Aussicht besteht, dass er zu Dir kommt" (Er hätte also diesen Likör gerne beim nächsten Urlaub seiner Frau mitgebracht).

Dann zu dem Kontakt durch den Hauptmann Neher, der oben bereits geschildert wurde:

„Von Cherbourg aus ließ ich unsern Spieß, der auf Dienstreise drüben sitzen blieb und bleiben muss, an Dich schreiben. Aber auch das geht ins Blaue, obwohl wir natürlich genauer Bescheid wissen als Ihr. Hoffentlich kommt überhaupt ein Lebenszeichen an Dich durch. Ich möchte Dich so gern außer Sorge wissen. Denn der englische Nachrichtendienst brachte von den Kanalinseln einigen Mist durch, der von Euch falsch verstanden werden muss. Unser Nachrichtendienst übernahm die englische Meldung. Das hat natürlich seine Gründe. Aber stärkt nicht Eure Ruhe".

Dann Persönliches, gemischt mit Grundsätzlichem.

„Heute Abend habe ich meinen Adam mit einem Eimer heiß Wasser geschruppt. Denn aus den Kleidern kommt man ja nicht mehr.

Ein neuer Wartezustand ist so für uns entstanden. Unser Schicksal hängt ganz von dem Gelingen der großen Vorgänge ab. Die stehen bis jetzt recht günstig. Vielleicht bleiben wir dann am Rand. So hängt unser eigenes Geschick ganz an den größeren (Vorgängen an) *der Front".*

Weiter im gleichen Brief, gerade so, als ob er seine außergewöhnliche Situation aus einiger Distanz beobachten könnte:

„Bei uns wächst das Bewusstsein, wie wichtig unser Inselchen ist. Uns werden sie – als harte Stelle im Atlantikwall – wohl ebenso fürchten wie Cherbourg und Le Havre, die sie bis jetzt noch mieden, das heißt, die sie von hinten her nehmen wollen. So ist es momentan besser, man sitzt an der gepanzertsten Stelle“.

Zum Abschluss, typisch schwäbisch, aber auch typisch für die damaligen Briefe:

„Nächtle, Du Liebes. Ich sag Dir wieder, zum tausendsten Mal, was Du weißt: dass ich Dich lieb habe. So soll es immer bleiben“.

In kurzen Abständen folgten in den nächsten Tagen weitere Briefe, die hier aber nicht mehr vollständig abgedruckt werden sollen.

10. Juni 1944. *„Englische schwere Einheiten auf See am Horizont. Ungestört von uns, da sie auf den Kilometer genau zu wissen scheinen, wie weit unsere Schweren reichen“.*

Erzählung von einem Traum und einem gemeinsamen Spaziergang. Dann direkt, ohne Überleitung, weiter zu seiner persönlichen Situation:

„Es war der erste tiefe Schlaf seit ein paar Tagen gewesen“. Bericht von vielen Flugzeugen am Himmel, von Spekulationen in Gesprächen. *„Mein Beisitzer im Gefechtsstand an*

den anderen zwei Telephonen sagt eben: ‚Wenn wir den Krieg verlieren, kann ich auch nicht mehr glauben. Wir haben doch eine gute Sache zu verteidigen'. Und er erzählt von den Kindern daheim und wie schön es auf der Welt sein könnte".

11. Juni 1944. „*Die Zukunft ist verhängt. Das ist gut so. Es ist ein kritischer Punkt erreicht. Das Nächste und Fernste ist undurchsichtig. Das Nächste ist das Schicksal des Inselchens, vor Cherbourg. Das Fernere – das Gelingen der Invasion. Opfer werden fallen, unerhörte, ob wir nachgäben und kapitulierten – ob die Invasion entschiede; denn ihr Gelingen wäre das böse Ende. Abgeschlagen, aber stünde ein neuer Wartezustand bevor*". Ein Optimist sei er nicht. „*Entweder geht es steil bergab oder wir können uns auf den Beinen halten; dann geht es noch lange. Die Politik entscheidet nicht. Nur Panzer und Flugzeuge. Gegen die sind auch die standhaftesten Herzen nicht alles. So ist es leider in dieser Phase des Krieges, dass das Material dominiert, genau wie Ende des Ersten Weltkriegs*".

Man kann im Rückblick fragen, ob ein solcher Brief klug war, weil er bei der Empfängerin, unserer Mutter, die immer noch vorhandenen Sorgen verstärken musste: „*Auch die standhaftesten Herzen*" könnten am Ende unterliegen. Was sollte die Mutter den Kindern sagen, wenn sie nach ihrem Vater fragten?

Nochmals 11. Juni 1944. „*Wie sich die Lage zuspitzt, ist alles für uns eine große Drohung. Was geschieht mit uns, wenn Cherbourg tatsächlich fällt? Und ich sehe bis jetzt nicht, wie es sich auf die Dauer sollte halten können*".

13. Juni 1944, Worte zur Beruhigung. *„Ich fürchte Dich in Sorgen. Aber wir liegen nur am Rande des Einbruchs, spüren zwar die Wellen Tag und Nacht heftiger anbranden als sonst, aber es ist ein relativ sicheres Dasein noch. Ich wünschte in diesen Tagen manchesmal, Du könntest auch nur Minuten zu uns hereinblicken: Du hörtest uns laufen, sähest uns wohl aufgelegt und zuversichtlich. Jeder weiß, dass es momentan ernst werden kann"*.

An etwas späterer Stelle im gleichen Brief: *„Auf Deine vielen lieben Briefe habe ich Dir viele liebe Wörtlein geschrieben, die alle noch bei der Feldpost liegen, weil kein Schiff fuhr"*.

18. Juni 1944. *„Ich fürchte, Du bist in Sorgen. Dabei geht es bei uns immer gut. Etwas viel Betrieb. Aber alle Greuelnachrichten über die Kanalinseln stimmen nicht. Ich versuche auf den verschiedensten Wegen Post an Dich durchzukriegen. Ich glaube, es hat nirgends geklappt. Heute bin ich vom Dienst gehetzt. Ringsum sind Jagdbomber unterwegs. Ihr Ziel die Front auf der Cherbourghalbinsel und die Zufuhrwege"*.

„Die Vergeltungswaffe" (so also wurden die V1- und V2-Raketen eingeschätzt) *„sahen wir schießen. Wir konnten uns in der Nacht vom 15./16. die Lichtschlangen fern am Osthimmel nicht erklären. Plötzlich ist alles wieder voll Hoffnung. Die Wirkung müsste so sein, dass eine politische Reaktion folgte – die Einsicht, dass diese Art der Zerstörung Europa in den Abgrund wirft"*.

Spiegeln sich in diesen Sätzen Gespräche unter den auf Alderney abgeschnittenen Soldaten, etwa von Überlegungen, dass die modernen Waffen, die zur totalen Vernichtung beider Seiten führten, gleichzeitig die Bereitschaft beider Seiten zu einem Waffenstillstand förderten? Waren diese Erwägungen gar so etwas wie eine Art Vorahnung auf die Lage im Kalten Krieg, als die beidseitige atomare Bewaffnung einerseits die totale Vernichtung möglich machte, andererseits aber zu Verhandlungen über Rüstungsbegrenzung und der Einsicht führte, eben diese schrecklichen Waffen nicht einzusetzen?

Der folgende Satz wiederum durchaus realistisch: „*Die Lawine wird aber wohl zu Ende rasen*“.

Dann persönliche Worte, zum wiederholten Mal eine Liebeserklärung – gerade so, als ob auch dies der letzte, der allerletzte Brief vor dem unausweichlichen Ende wäre. Ähnlich im Ton ein Brief vom 26. Juni 1944.

Der nächster Brief, der überliefert ist, stammt vom 28. Juni 1944.

„*Unsere Lage spitzt sich äußerlich und auch seelisch stetig zu. Wir fühlen die Abgeschnittenheit immer deutlicher. Der Zweck unseres Postens hier hat sich gewandelt. Wir meinten einmal Prellblock bei einer Invasion sein zu können. Da zu stehen wäre leicht gewesen. Jetzt werden wir auf einem einsamen und beinahe verlorenen Posten kämpfen. Das fordert seelisch eine viel größere Bereitschaft. Gibt aber erst die größere Klärung. Die Realität der Welt hat uns arg in den Klauen. Wir nehmen die Dinge nüchtern. Auf ein Wunder rechnen wir auch nicht. Auf jeden Fall werden die kommenden Wochen schwer sein. Ein kleiner Posten in einer großen Rechnung – wir allesamt*“.

Anschließend: Es wäre sein größter Wunsch, für Frau und Kinder daheim sorgen zu können.

29. Juni 1944 (drei Wochen nach dem D-Day). *„In den nächsten Wochen ein, zwei Wochen wird und muss es sich entscheiden, ob man uns mit Gewalt ‚kassieren' (ausschalten) wird, oder ob man uns kaltstellt, aushungert. Darüber ist wohl jetzt schon beim großen Generalstab drüben entschieden worden. Wir können nur zuwarten"*. Unklar bleibt, ob er mit dem *„großen Generalstab"* die deutsche oder die alliierte Seite meint.

Was folgt, sind Bemerkungen ohne Illusionen:

„Der Krieg ist (in) *ein Ausblute- und Verschleißstadium getreten. Waffenwartung und gegenseitige Vernichtung. Eine furchtbare Strategie, weil nichts Besseres bleibt. So war es nach 1916 bei Verdun* (wo sein eigener Vater fast das Leben verloren hat) *und an der Somme"*.

Immer noch im gleichen Brief die Frage: *„Wo soll das hinführen?"*

„Einer (ein anderer Soldat) *sagte ganz richtig: 'Das ist schon gegen jedes Menschenrecht, gegen alle Humanität'. (Aber das ist der Krieg überhaupt). Drüben auf dem Cap versucht der Amerikaner den letzten Zipfel vollends zu bereinigen. Das kann er mit Unmengen seiner Bomber, die ihre Bombenteppiche legten. Uns demonstrierte er ganz nett nebenbei seine Macht. Aufspringendes, zerplatzendes Feuer, riesige Fontänen aus Erde, Rauch"*.

Und immer wieder grundsätzliche Erwägungen: *„Wer die Macht hat, hat das Recht, nimmt sich das Recht. Mir taten die Menschen leid in ihrer kreatürlichen Ohnmacht. Ich will diesen Blick nicht verlernen, auch wenn er ganz unsoldatisch ist. – Der Krieg ist ein Fern- und Fernstkampf geworden. Neben das Bomberbild gehört die Wirkung der V1. Lebensbedrohungszeit! Gefahr als Normalzustand. Dass die Menschheit dieses sich selbst antun muss! Wie läppisch wirkt da alle menschliche Kleinigkeit und Enge“.*

Zum Abschluss: *„Was wäre ich ohne Dich? So hat mein Herz eine Heimat. Darin lebt es Stunde für Stunde. Ich danke Dir, ich habe Dich immer lieb“.*

Der Tenor der Briefe, die in den folgenden Monaten, also vom September bis Dezember 1944 aus Alderney ins ferne Talheim gingen, dürfte damit deutlich sein: Viele allgemeine Erwägungen, Überlegungen, Spekulationen. Kaum etwas Persönliches außer Bezeugungen der Zuneigung und Liebe.

Nach dem Tod der Mutter fanden die Kinder das Tagebuch, das sie 1976, also ein Jahr nach dem Tod des Vaters, zu schreiben begann. Immer wieder wandte sie sich direkt an den Verstorbenen, gerade so, als ob er noch leben würde. Sie lese inzwischen die Briefe aus der Kriegszeit, erfahren wir dort. *„Ich habe nun mit unseren Kriegsbriefen begonnen, und ich fürchte, ich kann Deinen testamentarischen Wunsch, alle zu verbrennen, nicht erfüllen. Das sind so interessante Dokumente: persönlich, familiär, zeitgeschichtlich. Wie viele Ideen haben wir ausgetauscht, wie viele Situationen geschildert, und wie viele reizende Anekdoten aus der Kinderstube stehen* *darin! Natürlich sind es Liebesbriefe – aber wer sollte nicht verstehen, dass zwei getrennte Liebende, ein junges Ehepaar auch Liebesbriefe wechselt!"* Diese Lektüre gebe ihr viel Trost.

Einige Wochen später notierte sie in ihrem Tagebuch: *„Alles, was Du, mein Geliebter mir im letzten Jahr wegen Deiner schweren Erkrankung nicht mehr sagen konntest, das hast Du vor 30 Jahren von der Insel geschrieben, und diese Worte werden mich auf dem letzten Stückchen Erdenweg vollends tragen und begleiten"*.

Die ganze Not der Hungerzeit, über die er 30 Jahre später in den Memoiren ausführlich berichten wird, kommt in den von Alderney nach Talheim geschickten Briefen vom Herbst und Winter 1944/45 nicht zur Sprache. Eine Ausnahme bildet ein vierseitiges, engzeilig getipptes Exposé mit Datum 1. Januar 1945, das im Briefkonvolut überliefert ist und in dem die Folgen des Hungers auf Leib und Seele ausführlich erörtert werden. Hier dieser Text in Auszügen.

Hunger sei zunächst etwas Physiologisches. *„Am besten können wir das an den Speicheldrüsen beobachten. Wir liegen da und schlucken den leeren Speichel. Sie sondern ab, weil sie gewohnt sind, um diese Zeit nötig zu sein, weil sie sich mit ihrer Produktion nicht so rasch umstellen können und dürfen, denn jeden Moment könnte ja ein Festmahl fällig sein, und dann würden wir vom Apparat der Verdauung doch selbstverständlich verlangen, dass er es bewältigt. ... Abgebaut, wenn die Einnahmen die Ausgaben nicht decken, wird natürlich zuerst das Angesammelte, Angereicherte: der Vorrat an Kohlehydraten, Eiweiß und Fett. (...) Dann wird als Nächstes wohl an* *die Muskulatur selbst gegangen. Folgeerscheinung die raschere Ermüdbarkeit. (...) Es gibt also ein körperliches Hungergefühl, ein Bedürfnis, ein Unbefriedigtsein. Gibt es entsprechend auch rein seelisch ein Gefühl des Hungers? Im Hungrigen steigen Wunschbilder auf. Er träumt davon, wie es einst war und schwelgt in Vorstellungen. (...) Diese Bilder bilden einen Ersatz und gewähren auch eine gewisse Befriedigung. (...) Auch ins Werthafte reicht das Hungergefühl hinein. (...) Wert ist, was satt macht, was mich, die Meinen, meine Sippe, Clique, Bande, meine Angehörigen, meine Stammeszugehörigen, mein Volk satt macht. (...) Eine Notlage wie die unsrige bringt zunächst einmal eine Umwertung aller seitherigen Werte mit sich. Eine Kartoffel oder eine Scheibe Brot wird zu einem Wertgegenstand. Der Verhungernde opfert einen Sack Geld für einen Bissen. Daraus entstehen die vielen Tausch- und Handelsgeschäfte, die jetzt blühen. Geld wird wertlos. (...) Genußmittel behalten seltsamerweise ihren Wert. Cognac ist und bleibt begehrt. (...) Zigaretten halten sich, weil der entbehrende Körper nun mehr denn je den Rausch sucht, die Betäubung. Alles also, was über den Zustand hinwegzuschwindeln hilft, bleibt auch wertbeständig. Wenn auch letzten Endes dann doch eine Flasche Cognac für einen Laib Brot gegeben wird, oder ein halber Laib vier Zigaretten gilt. (...) Aber es ist selten, dass der Nichthungrige nun seine Situation nicht ausnützt. Er presst ohne Rücksicht auf die Kameradschaft den Höchstpreis heraus. Gerade das schöne, unbefangene Schenken geht zum Teufel. Bei jedem Dreck denkt man daran, was man dafür tauschen könnte. (...) Hunger zerstört in diesem Sinne die Kameradschaft. Er prüft sie. Denn es gibt seltsamerweise auch noch Gegenbeispiele: wo sich Kameradschaft gerade jetzt bewährt. Hunger macht den Menschen zum Piraten. Er erbeutet sich, was er bekommen kann. (...) Neben den Einzelnen, der freibeuterisch – und sei es auf Kosten der Gesamtheit – für sich selbst sorgt, tritt die kleine Clique. Das ist ein neues Element, denn nun bekommt der Raub einen sozialen Anstrich. Man raubt zusammen, sorgt füreinander, deckt sich gegenseitig. (...) Das Schlimmste ist Kameradendiebstahl. Das verurteilt auch der Abgebrühteste. Fragt sich nur, wo der Kreis der Kameraden anfängt, und wo endet. (...) Nirgends wird mehr auf diese Weise geklaut als beim Kommiß. Das beginnt auf der Kammer, in der Küche, im Fourierraum. Es ist wie eine Seuche, die den aus dem Zivil kommenden Rekruten ungeheuerlich erscheint, die man aber bald wie ein Naturgesetz hinnimmt. Erst gestern erklärte mir einer, dem eine Tagesration aus dem Spind weggekommen war, er sei auch kein Heiliger. Da wolle er nichts beschönigen. (...) Die Oberen denken in dieser Weise genau so. Vielleicht mit wenigen Ausnahmen. Aber weiße Raben kenne ich kaum. So feierte man in diesen Kreisen ein anderes Sylvester. Wir hatten zu fünft unsere Flasche Champagner. Andre näher an der Quelle hatten schon mehr. Oder man sagte es ihnen nach. Man traute es ihnen zu. Man hielt es geradezu für selbstverständlich. (...) Man verliert viel von seinem Glauben an das Gute im Menschen. Überall Korruption. (...) Der Mensch ist, hungrig, durchaus nicht mehr moralisch so feinfühlig. Er denkt auch nicht mehr an den Hunger der Anderen. Er sorgt ganz einfach für sich. Mundrat-Stillung des primitivsten, natürlichen Bedürfnisses. Der Pirat ist wenigstens ein Mann. Schlimmer sind die Schmarotzer und Feiglinge in seinem Gefolge. Schlimmer sind die Händler. (...) Es ist das eine Zeit für bestimmte Typen. Die sind nun in ihrem Element. (...) Man kann auch gar nicht wagen, dagegen die angedrohte Strafe durchzusetzen. Bis jetzt wird nur ein kleiner Teil im Behelfsvollzug abgebrummt, der Rest auf Kriegsende gestundet. Die Unterschrift unter dem Befehl, dass auf jeden Diebstahl Todesstrafe stehe, war also eine Farce. Und diffamierend wirkt die Verurteilung in einem solchen Fall nicht. Pech gehabt! Wem hätte das nicht passieren können*".

Und abschließend, typisch Lehrer:

„Mir kam es gerade darauf an, einmal diesen Aufriß zu zeigen, von nüchternstem Hunger über seine psychische Auswirkung bis hinein ins Werthafte und Soziologische. Ein Bild des Menschen taucht da auf, in seiner Ganzheit als Leib-Seele-Geist, alle Schichten verbunden, verwoben. Dann aber darüber hinaus ein Bild des Menschenschicksals, seiner ethischen Struktur, seiner moralischen Fähigkeit. Und dieses Bild lässt uns erschrecken".

Unklar ist, wann diese Ausführungen entstanden sind, wie sie nach Talheim gelangten und wie sie dort aufgenommen wurden. Aus den besonders harten letzten Monaten der Hungerzeit, dem späten Winter und Frühjahr 1945, gibt es keine Briefe. Die Verbindung zwischen Talheim und Alderney war abgerissen. Von dieser Zeit berichten aber die Memoiren besonders ausführlich. Zunächst jedoch noch ein letztes Mal zurück zu den Erinnerungen der drei Kinder aus jener Zeit.

VIII.

Die Kinder in Talheim und der Vater auf Alderney 1944

Als aus den Briefen nach Talheim im Juli und August 1944 trotz aller Vorsicht (der „doppeltem Schere im Kopf" des Briefe schreibenden Vaters) immer deutlicher hervorging, wie prekär die Versorgungslage auf der Insel wurde, entwickelten die drei Kinder zusammen mit ihrer Mutter ein abendliches Ritual. Denn jeden Tag, fast jeden Tag, verfasste die Mutter einen Brief an den Vater. Wenn sie fertig war, holten die Kinder eine Briefwaage heraus und diskutierten, was sie in diesen Brief von Dingen, die für den Vater in seiner Notlage nützlich seien, hineinstecken könnten, und zwar exakt bis zu einem Gewicht von 20 Gramm pro Brief. Denn das war erlaubt: 20 Gramm Maximalgewicht. Favoriten der Kinder waren Haferflocken oder Grieß, damit der Vater sich einen Brei kochen könne. Das lag nahe. Warum aber nicht auch etwas Karottensamen? Das erschien den Kindern als blendende Idee. Denn vielleicht gab es auf der Insel doch ein Fleckchen Erde, in das er die Samen legen könnte, und vielleicht könnte er dann in einigen Monaten Karotten ernten. Daran, dass dieser Vorschlag ausgerechnet in Herbstmonaten wenig sinnvoll war, dachten sie nicht. Oder könnte er vielleicht ein paar Angelhaken besser brauchen? Dafür waren die beiden Jungs. Sie wussten, dass Alderney von Meer umgeben war. Da musste es für den Vater, wenn er Hunger hatte, doch möglich sein, Fische zu fangen. Immer wieder, und mit immer wieder neuen Vorschlägen, malten sich die drei Kinder aus, wie sie das Leben ihres vom Hungertod bedrohten Vaters retten könnten. Das abendliche Diskutieren über die Hilfe für den Vater wurde für sie fast zum Spiel.

Umso erstaunter waren sie ein halbes Jahrhundert später, als sie in den Memoiren folgende Sätze lasen:

„Seit der Invasion war die Post nach Talheim ganz unregelmäßig gekommen. Meist kam wochenlang nichts, dann ein Brocken: einmal 25 Briefe auf einmal. Die letzte Post kam 45 um meinen 40. Geburtstag herum daheim an. Meine Frau wusste um unsere Hungerlage auf der Insel. Sie schickte mir laufend 20g-weise in täglichen Briefen Grieß, Zucker, Samen für Kresse und Gelberüben, auch Angelhaken. Nichts von alledem kam an“.

Schade dachten die inzwischen längst erwachsen gewordenen Kinder, als sie in den späten 1990er Jahren nach dem Tod ihrer Mutter diese Passage lasen, schade, dass ihr Vater, als er die Memoiren schrieb, nicht wusste (oder sich nicht mehr daran erinnerte), mit welchem Eifer seine Kinder an den sorgfältig abgewogenen Futterrationen in den Briefen beteiligt gewesen waren.

Ein anderer Punkt war für sie jedoch ebenso von Interesse. Ihr Vater war am 20. Februar 1945 40 Jahre alt geworden. Bis in den Februar hinein hatte es also eine Postverbindung zwischen Alderney und dem kleinen schwäbischen Dorf gegeben. Das war kaum zu glauben. Auch auf diese Frage ging er in den Memoiren ein.

„Mit der Besetzung der französischen *Kanalküste durch die Invasionstruppen waren wir auch abgeschnitten, als St. Malo fiel, total. Auch Jersey, Guernsey und Sark, die großen Inselbrocken, ließen die Invasoren beiseite liegen. Heimat-Brief-Verbindung hatten wir nur noch durch Tiefflieger, die von Jersey oder Guernsey in der Nacht über das befreite Frankreich hinweg nach Süddeutschland flogen. Wöchentlich durfte noch ein Brief geschrieben werden. Auch gab es Post von daheim. Das ging etwa bis zu meinem Geburtstag 45. Ich konnte fast täglich schreiben, da ich mir von der Postkontrolle unserer Batterie Namen der* Kameraden *geben ließ, die nicht schrieben. Ich setzte einfach ihren Namen auf meine Post".*

Der Talheimer Postbote lieferte alle Feldpostbriefe aus Alderney im Schulhaus, wo die Familie lebte, ab. Die Mutter teilte den Inhalt der Briefe nie mit den Kindern. Wie viele Briefe im Winter 1944/45 verloren gingen, kann nicht mehr festgestellt werden. Außerdem ist es durchaus möglich, dass einige Briefe nach dem Tod des Vaters von seiner Frau aus der Briefsammlung entnommen worden waren. Denn wie sie noch zu Lebzeiten ihren Kindern versicherte, hatte sie nach dessen Tod den gesamten Kriegsbriefwechsel mit ihrem Mann noch einmal gelesen und jene Briefe entnommen, die ihrer Ansicht nach zu persönlich, zu intim seien und deshalb für die Augen der Nachwelt nicht geeignet. Sie bat das älteste der Kinder, ihre Tochter, diese Briefe nach ihrem eigenen Tod zu ihr in den Sarg zu legen. Das ist dann auch geschehen. Zu vermuten ist, dass die Zahl der von seiner Frau als zu intim eingestuften Briefe just in jener Zeit zunahm, in der die Lage auf der Insel immer verzweifelte wurde. Das würde Lücken im Briefwechsel im Winter 1944/45 erklären.

IX.

Die Hungerzeit 1944/45 auf der Insel in den Memoiren

Besonders ausführlich beschäftigte sich der Vater in seinen Memoiren mit dem, was er als die „Hungerzeit" bezeichnete, also der Zeit vom Juli 1944 bis Anfang Mai 1945. In den bis Ende Dezember 1944 erhaltenen Briefen sind zur Versorgungslage auf der Insel nur allgemeine Andeutungen zu finden. Anders der Ton 30 Jahre später in den Memoiren:

„Ein großes Experiment in Bezug auf Hunger und Moral begann, das sich zu extremen Verhaltensweisen steigerte. Fett blieben die Köche und ihre Freunde beim Troß, auch die Chefs. Es schien, als fräßen die Wanzen der Futterkrippe nun noch mehr, nachdem alles knapp und knapper wurde. Die Mannschaften magerten ab. Es entwickelten sich Theorien, wie die am Morgen gefasste Brotration am besten verwendet werde. Ein Drittel fraß sie gierig gleich auf, denn: was man hat, hat man. Ein Drittel drittelte. Ganz Schlaue sparten sich die volle Ration bis zum Abend auf. Tagsüber lebten sie in der Vorfreude auf den abendlichen Genuss. Ihren Schatz mussten sie jedoch eifersüchtig bewachen. Denn nicht die kleinste Brotscheibe war sicher vor Kameradenhänden. Am Mittagstisch lagen die Kartoffeln exakt abgezählt und nach Größe geschätzt in der Schale neben jedem Teller. Ein Drittel schälte sie, ein Drittel aß sie mit der Schale, ein Drittel schälte sie wohl, nahm aber die

Schalen mit. Oft verschenkte das erste Drittel gönnerhaft seine Schalen, Schalen, an denen ohnehin keine nahrhaften Reste waren. In den Unterkünften wurden die Kartoffelschalen zu dünnen Fladen gepresst und auf den Kanonenöfchen geröstet".

Erstaunlich war uns beim Lesen dieser Passagen, welche Details beim Schreiben der Memoiren aus der Erinnerung wieder auftauchten.

„Die Geschützführer hatten eine neue schwierige Aufgabe bekommen. Sie mussten die Rationen an ihrem Geschütz verteilen. Aus Sicherheitsgründen durfte kein Mann allein zum Essenholen zum Troß geschickt werden. Abends zum Beispiel legte der Geschützführer seine acht Häuflein Brot, Käse und Wurst zurecht. In einem festgelegten Turnus durfte sich ein Mann nach dem anderen seine Ration nehmen – am Schluss stets der Unteroffizier selbst".

Zum Vergleich: Während der Gefangenschaft, im Juni 1945 im Camp 159, in dem die Gefangenen nach dem Bericht in den Memoiren *„immer noch vom Alderneyer Hunger gekennzeichnet"* waren, erfolgte die Verteilung der Lebensmittel nach einem anderen *„einem noch geheiligteren Rituell als auf Alderney in der Hungerzeit. Die zwei Essensholer mussten die Rationen einteilen. Im Rundzelt mit seinen 12 Mann saßen 10 mit dem Gesicht zum Ausgang, zwei reihten die Portionen auf: Nr. 1 bis 12. Dann durften wir ‚blind' wählen. Auch das im täglichen Wechsel"*. Diejenigen, die das Essen holten, bekamen die letzten beiden Portionen. *„Besonders schwierig dabei war das Aufteilen des Brotes, weil wir ja keine Messer und keine Essbestecke mehr hatten. Ich hatte mein Taschenmesser zu dieser*

Zeit noch, das war unsre Rettung. Zu verteilen war das weiße englische Kapselbrot, das besondere Eigenschaften hatte, denn jedermann wünschte sich den Anschnitt, der habhafter war".

Doch nun zurück in den Winter 1944/45 auf der Insel. „*Selbst in der stärksten Hungerperiode konnten Nichtraucher*", folgt man den Memoiren, „*Tauschgeschäfte tätigen: Brot gegen Zigaretten. Die Rauchwaren bekam jedermann mit der Löhnung ausgehändigt. Für passionierte Raucher war es leichter, auf Essbares als auf Rauchbares zu verzichten*".

Was der Memoirenschreiber an dieser Stelle vergaß, was er später aber gelegentlich erzählte: dass er selbst, als Alderney abgeschnitten war, mit dem Rauchen aufgehört hatte. Dagegen veranschaulichte er das Verhalten der von der Zufuhr von Nahrungsmitteln abgeschnittenen deutschen Soldaten auf Alderney mit einer ganzen Reihe durchaus drastischer Beispiele.

„*Als die Hungerzeit richtig einsetzte, gingen wir gemeinsam auf Vogeljagd und Fischfang. Zum Fischen verwendeten wir ‚geballte Ladungen' – dass die halbe Insel wackelte. Fischen war im offenen Meer verboten mit der schlechten Begründung, wir könnten uns Tieffliegerangriffen aussetzen. Unsere Sprengladungen bastelten wir selber aus Material, das ich bei ‚Waffen und Geräte' holte. Auf Vogeljagd gingen wir mit Kleinkalibermunition und Einsteckläufen in unsere Karabiner*".

Selbst wenn die Angelhaken, die die Kinder in einige der Briefe nach Alderney gesteckt hatten, ihren Vater je erreicht hätten, wären diese im Vergleich zu der Methode, mit der dieser zusammen mit einigen seiner Kameraden den Fischfang betrieb, kaum hilfreich gewesen und bestimmt nicht eingesetzt worden.

Aus der Art und Weise, wie in den Memoiren das Fischen mit Dynamikladungen geschildert wird, spricht auch noch im Rückblick der Spaß, mit dem der Vater/Großvater/Urgroßvater damals, zur Hungerzeit auf Alderney, zusammen mit seinen Freunden zu Werke ging.

„Der Fischfang per Dynamit war nur bei Ebbe und kommendem Wasser möglich. Kaum war die Wasserfontäne der Sprengung hochgegangen, stürzte ich mich aus der Deckung heraus in die Wellen. Schübel“ (Oskar Schübel, neben Karl Wagner und Alfons Bürck sein bester Freund auf Alderney) *„hatte mich mit einer Kabelrolle, die er auf dem Rücken hielt – wie beim Telefonverlegen – angeseilt. In der Hand hatte ich einen Sack. Die Fische, denen es die Schwimmblase zerrissen hatte, kamen zur Wasseroberfläche. Ich fischte die hilflosen Tiere auf. Wir machten meist so große Beute, dass wir den Troß – schon dass er uns nicht verpfiff – beteiligen konnten. Auch unseren Sanitäter Bürck. Futterneid war jetzt eine allgemeine Eigenschaft, selbst bei den Satten vom Troß“.*

Die Not, der große und quälende Hunger, machte offensichtlich erfinderisch.

„Wir setzten zum Fischfang auch Reusen aus. Als wir einmal eine Reuse einholten, war sie gespickt voll. Es war, als ob sich in ihr eine Riesenschlange gefangen hätte. Es waren Katzenhaie. Da musste im Rudel einer um den anderen in die Reusenöffnung Richtung Köder (ein alter Knochen) gedrängt haben, bis sie

bewegungslos im prallen Netz saßen. Da die Beute so reich war, kam Schübel auf die Idee eines Räucherofens, den wir aus einer großen Konservenbüchse konstruierten. Das klappte, aber die Fischhappen wurden nicht allzu zu alt".

Ob der Memoirenschreiber, als er diese Passagen schrieb (er ging fast auf die Siebzig zu) damit renommieren wollte, wie einfallsreich er zusammen mit seinen Freunden die Nahrungsnot auf Alderney gemeistert hatte? Das ist schwer zu beurteilen. Die folgenden Abschnitte zeigen jedoch, dass er im Herbst und Winter 1944/45 fest entschlossen war, nicht vor dem Hunger zu kapitulieren.

„Ich sammelte Schnecken und Muscheln. Meist eine etwa vier cm große Napfschnecke, die ich 1973 in Hütten als Versteinerung wiederfand. Es gab Landser, die aßen diese Weichtiere gleich beim Finden roh, indem sie den Schneckenfuß mit dem Daumen aus dem Näpfchen quetschten. Dazu konnte ich mich trotz brennenden Hungers nicht aufschwingen. Gekocht ohne jegliche Zutaten im Salzwasser schmeckten sie wie Radiergummi. Und sie erzeugten einen unbändigen Heißhunger. Man sagte uns, das käme nicht allein vom Salz, sondern vom Jod, das im Meerwasser enthalten sei. Sammeln oder Nichtsammeln, das war die Frage, wenn dieserart das Essen nur noch mehr Hunger erzeugt".

Beim Lesen der folgenden Passagen fragten wir uns erstaunt, wie diese Art der Nahrungsbeschaffung möglich war, ohne dass sie auffiel und disziplinarische Konsequenzen hatte. Aber offensichtlich waren in dieser Phase der Besatzungszeit auf der Insel Dinge möglich, die eigentlich nicht möglich waren.

„Mit Karabiner-Munition Vögel zu schießen, ist sehr schwierig. Wir schossen auf alles, was kreuchte und fleuchte. Wasservögel, Möwen, die entsetzlich nach Tran stanken. Durchkommende Zugvögel bis zur Starengröße.

Gerade während des Hungerwinters machten Scharen von Zugvögeln hier eine Zwischenrast. Und ich schoss dann heraus, was möglich war. Bei Schneewetter waren manche Vögel so erschöpft, dass man sie mit der Hand fangen konnte. War nicht viel an ihnen, so gab der Absud doch eine nahrhafte Brühe. Der so tief Hungernde kennt da keine Scham. Ein Entenbraten wäre uns auch lieber gewesen".

Gab es Alternativen? Wurden solche Alternativen diskutiert?

„Ich konnte nicht unserem Sanitäter Alfons Bürck beipflichten, der Ruhe, Nichtbewegen als Kaloriensparen empfahl. Ich musste etwas gegen den Hunger tun, auch wenn sich Kräfteaufwand und Kaloriengewinn die Waage hielten. Bürck lag auf seiner Falle im Revier, las und meditierte. Er konnte das schon deshalb tun, weil wir ihn an unserer Beute beteiligten. Bürck war ein bequemer Fatalist. Im Speisesaal kontrollierte ich an seinem Platz die Essen-Zuteilung, man hätte ihn sonst heillos betrogen.

Schübel und Bürck waren genau entgegengesetzte Typen. Schübel der aktive Praktiker und Optimist. Bürck der bequeme Quietist. Schübel organisierte, eroberte, erschlich Essbares; Bürck las währenddessen Spinoza auf Latein".

Als jemand, der sich seit seiner Jugend sehr für Botanik interessiert (und während des Ersten Weltkriegs für seine Großmutter *„genau bezeichnete Arten"* von Heilpflanzen *„für* *den täglichen Bedarf"* gesammelt) hatte, suchte unser Vater/Großvater/Urgroßvater nun auf Alderney auch nach Pflanzen, die er möglicherweise essen konnte.

„Ich grub die Wurzeln der wilden Möhre aus; es gab ein holziges Gemüse, aber besser als nichts. Auch Bachbunge und Brunnenkresse kochten wir. Im sandigen Ufer fand ich Meerrettiche. Abgebrüht schmeckten die Wurzeln milder. Direkt an der Strandlinie wuchs eine Rübe mit fleischigen Blättern. Das ergab etwas wie Spinat. Blätter und Blüten des Gänseblümchens machten wir zu einem Salat an, er schmeckte leicht bitter. Es wuchs auf der Insel eine kräftige Malve, deren Stengel und Früchte unsere Russen kauten. Zerbissen ergaben die Stengel allerdings einen Schleim, der in mir Ekelgefühle erzeugte. Dieses Sammeln von unbekanntem Gemüse fand bei den Kameraden wenig Nacheifer. Karl Wagner schwärmte allerdings noch davon, als er mich später in Calw wiedersah" (ab 1949 lebte die Familie für ein paar Jahre dort).

Wer waren *„unsere Russen"*? *„Unsere Russen"* waren, wie in den Memoiren an anderer Stelle erklärt wird, den einzelnen Batterien zugeteilte „hilfswillige Russen", also nicht die Russen, die als Zwangsarbeiter in einem der Arbeitslager lebten.

„Unsere Russen": „Sie waren uns zum Schanzen und ähnlichem zugewiesen. Sie hielten die Stellung intakt, spalteten Holz, fertigten mit Vorliebe Spielzeug, das wir im Urlaub dann in die Heimat mitbrachten. Mir schenkten sie eine Art Hühnerhof. Auf einem runden Brett mit Handgriff standen etwa acht Hühner, die beim Schwenken der Unterlage reihum auf das Holz kräftig pickten".

Diesen Hühnerhof brachte der Vater bei seinem letzten Urlaub im April 1944 mit nach Talheim. Zunächst spielten die Kinder damit. Schon nach kurzer Zeit wurde dieses Spielzeug aber langweilig. Wo es geblieben ist, weiß niemand. Wahrscheinlich ging es auf einem der zahlreichen Umzüge, die folgen sollten, verloren.

Noch einmal zurück zum Bericht über die russischen Hilfswilligen in den Memoiren.

„Diese Hilfswilligen sollten im Ernstfall als Munitionskanoniere beim Schießen mit tätig sein. Wir schickten sie aber stets in Deckung".

Und weiter: *„Diesen Hilfswilligen ging es nicht schlechter bei uns, als es uns erging. Sie hatten sich einmal ‚freiwillig' – ich weiß* nicht *unter welchem Druck! – gemeldet. Bei Beendigung des Krieges konnten sie alle nur als gepresste Zwangsarbeiter mit Hoffnung aufs Überleben in ihre Front zurückkehren"* (unklar, was damit gemeint ist). *„Die Hungerzeit überstanden sie besser als wir. Von ihnen lernten wir gewisse Pflanzen zu essen, zum Beispiel das Mark des Bärenklaus. Einige von ihnen waren selbst in den schlimmsten Hungertagen auch in der Küche beschäftigt. Jeder Landser hätte sich um diesen Job gerissen. Diese blieben so fett wie unsere Köche".*

Ausführlich wird in den Memoiren von den Spannungen und Problemen berichtet, die im Zuge der immer knapper werdenden Versorgung mit Lebensmitteln entstanden. Hier einige Beispiele.

„Der Chef einer Nachbarbatterie hatte trotz Hungerzeiten

einen Hund, von dem man wusste, dass es ihm besser ging als den Landsern. Der Hund verschwand eines Tages spurlos. Ein Metzger unter unserer Nachrichtenstaffel hatte ihn für die dortigen Fernmelder kunstgerecht geschlachtet. Was nicht sofort gegessen werden konnte, wurde im Zug in Dosen eingebüchst. Ich war dabei über Schübel auch Nutznießer. Der Leutnant wollte einen Prozess beginnen. Da sagten ihm seine Nachrichtler unverblümt, dann würden sie auspacken".

Noch seltsamer ist das nächste Beispiel.

„Eine Geschützbedienung hatte anfangs der Hungerzeit eine Hündin, die sie, wenn sie läufig war, über die Insel streunen ließen. Sie brachte Freier mit, die man einfing und vernaschte. Als es auf der Insel keine Hunde mehr gab, musste sie selbst daran glauben".

Hunde, Katzen, Kühe, Pferde – alle Tiere landeten binnen weniger Monate 1944 im Kochtopf.

„Christner, unser Schneider aus der Steiermark, hatte eine Katze. Eines Sonntags lud er mich und Schübel ein und setzte uns einen wohlschmeckenden Braten vor. Er konnte es sich nicht verkneifen, uns – solange wir das Essen noch im Magen und den Geschmack noch auf der Zunge hatten – zu sagen, wen wir da verspeist hatten. Ein Wiener hatte das Kätzchen exzellent zubereitet".

Die Rationen wurden immer knapper, die Folgen immer deutlicher.

„Zu Beginn der Hungerzeit verschwanden die Kühe, die auf Alderney manche Einheiten auf der Weide hatten, dann

die Pferde der Pioniereinheiten neben uns. Unter uns gab es Hungertote".

Die nach dem D-Day durchgeführte komplette militärische Isolierung von Alderney führte somit binnen weniger Monate zu einer extremen Situation. Denn diejenigen, die als Besatzer auf der Insel lebten, wurden in der letzten Phase der Besatzung selbst zu Opfern: Opfern mangelnder Versorgung, aber auch zu Opfern einer Ideologie, die es nicht erlaubte, die im Rückblick einzig sinnvolle Konsequenz zu ziehen: die Kapitulation.

Wie beurteilte der Memoirenschreiber selbst seine damalige Lage?

„Ich konnte auf meiner Batteriebefehlsstelle – soweit ich nicht selbst zum frühsteinzeitlichen Jäger und Sammler geworden war – einer kräftesparenden Lebensweise huldigen. Thema Nummer eins bei Gesprächen war das Essen. Es war, als ob Erinnerungen sättigen könnten. Ebenso Wunschträume".

Noch drastischer waren einige weitere Beispiele, die der Memoirenschreiber offensichtlich nicht vergessen hatte und allen, die seine Ausführungen lesen würden, mitteilen wollte.

„Ehe ein kraftlos Ausgemergelter vollends wegstarb, konnte ihn der Arzt ins Lazarett überweisen. Halbwegs bei Kräften, musste er wieder zu seiner Einheit zurückkehren. Ein Unteroffizier sollte einen derart Aufgepäppelten abholen, da er sich weigerte, das Lazarett zu verlassen. Der ‚Gesundete' hatte das

blanke Seitengewehr unter seiner Bettdecke und erstach den Abholer".

Nicht weniger drastisch ist das nächste Beispiel.

„*Ein Mann – auf Wache – ging wahnsinnig vor Hunger in die Unterkunft und erschoss seinen Unteroffizier. Begründung: ‚Er hat mir heute eine kleine und bröcklige Käseration zugeteilt*'".

Die Folgen waren dem Memoirenschreiber gut in Erinnerung geblieben.

„*Beide wurden als Exempel öffentlich erschossen. Wir sahen aus der Ferne zu und waren froh, nicht zum Erschießungskommando kommandiert worden zu sein*".

Letztes Beispiel:

„*Ein Kanonier des dritten Zuges kam ständig bittend und bettelnd zur Küche. Man gab ihm da Spülwasser – von dem er so viel soff, bis er krepierte*".

Das waren Kriegsopfer einer eigenen Kategorie. Und wo sind deren Gräber? Wie wir während des Besuchs auf Alderney herausfanden, legten die deutschen Besatzer einen eigenen Friedhof an, und zwar außerhalb des Friedhofs der Kirchengemeinde St. Anne. Dieser Deutsche Soldatenfriedhof lag in der Nähe des sogenannten Russischen Friedhofs, in dem gestorbene Zwangsarbeiter beerdigt wurden. Reste der Gräber der deutschen Soldaten sind auch heute dort noch zu sehen, ebenso zwei Gedenktafeln, die eine aus der Kriegszeit, die andere aus der Zeit unmittelbar nach Kriegsende, angefertigt von deutschen Kriegsgefangenen.

Die deutschen Soldaten, die auf Alderney ihr Leben verloren, wurden ebenso wie die auf Alderney beerdigten Zwangsarbeiter, 1961 vom Volksbund Deutsche Kriegsgräberfürsorge umgebettet und in die neu errichtete, 1963 offiziell eingeweihte Kriegsgräberstätte Mont d'Huisnes in der Normandie gebracht. Wie mir der Volksbund Deutsche Kriegsgräberfürsorge mitteilte, wurden aus dem Churchyard von St. Anne 58 Tote von der Organisation Todt, also tote Zwangsarbeiter, sowie ein deutscher Soldat, der Selbstmord begangen hatte, bei dieser Aktion exhumiert und in die Normandie gebracht, aus dem deutschen Soldatenfriedhof die sterblichen Überreste von 70 Wehrmachtsangehörigen und aus dem Russischen Friedhof die sterblichen Überreste von insgesamt 326 Personen. Nicht mehr feststellen lässt sich, wie viele dieser 326 nicht Russen, sondern Angehörige anderer Nationen waren, und ebenso ist unklar, ob es sich bei den Russen um „Hilfswillige" oder um Zwangsarbeiter handelte. 1961 wurde vom Volksbund jedenfalls entschieden, dass die Toten aus der Zeit der deutschen Besatzung von Alderney, Soldaten ebenso wie Zwangsarbeiter, wenn man so will: Täter und Opfer, zusammen in der Normandie die letzte Ruhe finden sollten.

Wo die beiden Exekutierten beerdigt wurden, erfahren wir in den Memoiren nicht. Mit großer Wahrscheinlichkeit handelte es sich nicht um den Fall, der in der folgenden Passage in den Memoiren erwähnt wird.

„Als besonders sinnig empfand ich es, dass der (durchaus nicht ‚am Stock gehende') Feldgeistliche bei der Beerdigung uns

Jammergestalten trösten wollte mit dem Hinweis, dass der liebe und gute Kamerad uns vorangegangen sei. Memento mori, der unausweichliche Hungertod".

Dies, übrigens, die einzige Erwähnung eines Militärgeistlichen in den Memoiren. Leider ist es nicht gelungen, den Namen dieses Militärgeistlichen herauszufinden.

Persönliches Fazit des Memoirenschreibers, dreißig Jahre nach der Erfahrung mit extremem Hunger:

„Ich habe mich während des Hungerexperiments beobachtet. Der Hunger beißt anfangs am stärksten. Bald trat aber eine Gewöhnung ein. Das wenige Essen beschwert den Leib auch nicht. Ich war zu Tätigkeit aufgelegt. Die inneren Rädchen liefen unbeschwert von leiblichen Nöten Es ist eine gewisse Euphorie der Selbstverzehrung. Jedenfalls schmerzlos".

In den Memoiren folgt eine wohl reflektierte Zwischenbemerkung.

„Überblicke ich, was ich über den Alderneyaufenthalt und insbesondere seinen zweiten Teil – der Hungerstrecke – geschrieben habe, dann erscheint es mir zu anekdotisch. Der soldatische Trott des Alltags fehlt. Ich versuchte zu beschreiben, statt zu jammern über die Not, in die wir geraten waren. Es gab eben nichts anderes, als sich ‚nach der Decke zu strecken', zum bösen Spiel gute Miene zu machen, das Unabänderliche möglichst gelassen zu ertragen. Am Ende war ich ein Hungerskelett".

Ein Fazit aus heutiger Sicht. Seit Herbst 1944 war die Lage der deutschen Besatzung auf Alderney aussichtslos:

Keine Chance auf Rettung; keine ausreichende Verpflegung. Die Frage liegt nahe, warum die soldatische Führung auf der Insel nicht kapitulierte, und wenn die Offiziere dazu nicht bereit waren, warum eine Reihe von „einfachen Soldaten“ nicht zu dem Entschluss kam, ein Ende des sinnlosen Ausharrens sei geboten: Streik, gar Revolte und Meuterei – in Erinnerung an die Matrosen und Arbeiter in Kiel im November 1918, die gegen eine in ihren Augen sinnlose Fortsetzung des Krieges sowie die miserable Versorgungslage ihrer Familien protestiert hatten. Denn schlimmer als sich die Verhältnisse auf Alderney seit Ende 1944 entwickelten, konnte es kaum noch werden. Oder war die Angst vor den Fanatikern in den Reihen der SS auf der Insel so groß, dass niemand an Meuterei dachte?

Selbst im Rückblick kam dem Memoirenschreiber nicht der Gedanke, dass ein von den Soldaten mit Gewalt erzwungenes Ende der Hungerzeit hätte besser sein können als diese unendliche Not ohne Ende, besser als die Verzweiflungstaten von Verzweifelten?. Was gab den Ausschlag? War es die soldatische Disziplin, der seit Rekrutenzeiten eingeübte Gehorsam, oder gar doch noch die Hoffnung auf ein gutes Ende, also auf Befreiung und Sieg? Gerne würde man mit dem Memoirenschreiber und seinen Freunden einmal darüber reden. Ob solche Gespräche weit geführt hätten, kann man jedoch bezweifeln. Denn wenn der Vater in den 1950er und 1960er Jahren von seinen Kindern, vor allem von dem Sohn, der Historiker wurde, auf die damalige Zeit angesprochen wurde, reagierte er ablehnend. Wie es damals gewesen sei, könne nur verstehen, wer damals dabei gewesen sei und die Zeit erlebt habe. Davon war oben schon die Rede. Gegen dieses Argument ließ sich nichts mehr sagen, wollte man nicht einen größeren Streit auslösen, und selbst der hätte am Ende wohl zu keinen Antworten auf die Fragen der jüngeren Generation geführt.

X.

Die Kinder erinnern sich 1947 an die Hungerzeit des Vaters

Als der Vater im Sommer 1947 aus britischer Gefangenschaft zurück nach Talheim kam, hatte er schon wieder etwas Gewicht zugenommen, da er als Kriegsgefangener die meiste Zeit gezwungen gewesen war, auf englischen Bauernhöfen zu arbeiten. Er empfand es zwar, wie er in den Memoiren anmerkt, als Demütigung, auf diese Weise als eine Art Zwangsarbeiter eingesetzt zu werden (ähnlich wie die Zwangsarbeiter, denen er auf Alderney begegnet war). Ihm war zugleich jedoch klar, dass die Gefangenen auf den englischen Farmen durchaus ausreichend verpflegt wurden, und vielleicht war das für ihn nach der Hungerzeit auf Alderney am Allerwichtigsten.

Seine drei Kinder, inzwischen 14, 11 und 8 Jahre alt, hatten, als der Vater 1947 zurück war, die Erzählungen vom großen Hunger auf Alderney aber keineswegs vergessen. Sie wollten von ihrem Vater Details wissen. Damit stießen sie auf Granit. Der Vater wollte mit ihnen nicht mehr über die Hungerzeit auf Alderney reden. Um zu erfahren, was ihr Vater durchgemacht hatte, hatten die Kinder dann eine, wie sie glaubten, blendende Idee: Einmal in der Woche sollte die ganze Familie so essen, wie das der Vater während der Hungerzeit gezwungen gewesen war: Am Morgen eine dünne Suppe und ein Stückchen Brot; am Mittag wieder eine dünne Suppe und eine Kartoffel; am Abend erneut eine wässrige Suppe. Sie tauften ihren Vorschlag „Alderney-Tag“. Jede Woche sollte es einen solchen „Alderney-Tag“ geben. Schon am Mittag des ersten „Alderney-Tags“ scheiterte der Vorschlag der Kinder am väterlichen Einspruch. Er müsse nicht an die Hungerzeit erinnert werden, polterte der Vater. Er wolle jeden Tag wieder „ordentlich“ essen, brummte er, was freilich 1947 ohnehin noch nicht allzu reichlich war.

Auf der Rückkehr aus der Gefangenschaft war der Vater für einige Tage in einem französischen Durchgangslager in Bad Kreuznach. Dort seien sie besonders schikaniert worden, berichtet er in den Memoiren. Nicht mehr nachvollziehbar ist es, warum er in diesem Zusammenhang schreibt, auf Alderney hätte er *„von einem monatlichen A-Gedenktag nach der Heimkehr geträumt: Brennnessel in purem Wasser gekocht, ein oder zwei Kartoffeln, die mit der Schale zu essen sind, Hungerrationen!“* Daraus sei nichts geworden. *„Gute Zeiten lassen böse vergessen“*, so 1973. Seltsam ist nur, warum er bei der Niederschrift der Memoiren verdrängt hatte, dass die Initiative für einen Alderney-Tag von den Kindern ausgegangen war. Oder hatte er doch die Kinder zu dieser Idee angestiftet und das später, ebenso wie die Kinder, wieder vergessen? Das sind einige von vielen Fragen.

Warum begriffen die Kinder nicht, dass ihr Vater nicht an die schlimme Hungerzeit erinnert werden wollte, und dass ein wöchentlicher „Alderney-Tag“ für ihn nur eine Qual gewesen wäre? Warum verstand der Vater nicht, dass der Vorschlag der Kinder eigentlich ein Zeichen der Liebe und Zuneigung war, weil die Kinder nachempfinden wollten, was der Vater durchgemacht hatte? Warum griff die Mutter nicht ein und schlug vor, für den Vater, da er noch geschwächt sei, von der strikten Alderney-Diät gewisse Ausnahmen zu machen, den

Kindern aber ihren „Alderney-Tag“ zu geben? Wahrscheinlich hätten die Kinder nach einiger Zeit ohnehin das Interesse verloren und die Sache wäre eingeschlafen. Ganz offensichtlich war die Kommunikation innerhalb der Familie gestört. Der Vater – zwar aus Leidenschaft Pädagoge – wusste nach acht Jahren Krieg und Gefangenschaft nicht mehr, wie man mit Kindern umgeht, und die Kinder waren enttäuscht und fühlten sich brüskiert und nicht verstanden von dem Mann, der seit 1939 mit Ausnahme von wenigen Tagen Urlaub lange Zeit weg von der Familie gewesen war und den sie kaum kannten.

Eines der Kinder versuchte später in der eigenen Familie einen „Alderney-Tag“ einzuführen, und zwar aus Solidarität mit den armen Kindern der Dritten Welt, die kaum etwas zu essen hätten, also einen Tag mit bescheidenen Mahlzeiten. Auch daraus wurde nichts, da die Kinder, die Enkel des Rückkehrers aus der Gefangenschaft, protestierten. Sie wollten keinen „Alderney-Tag“, sondern das essen, was sie gewohnt waren. Das war dann auch das Ende dieses etwas kuriosen Versuchs einer Erinnerung.

XI.

Der kalte Winter 1944/45 auf Alderney und ein weiterer Bericht über das KZ

Zurück zu den Memoiren über die letzten Monate auf Alderney.

„Im Winter 44/45 gab es neben Problem Nummer eins, dem Hunger, *ein zweites: das Heizen unserer Baracken. Die Kanonenöfchen fraßen viel Material. Auf der Insel gab es aber kein Holz – außer ein paar knorrigen, niedrigen, verkrüppeltem Eichen, die vom Wind so zurecht gezaust worden waren".*

Unklar bleibt, mit was bis dahin, in den Wintern von 1940 an, in den Behausungen der Soldaten geheizt worden war. Ab Sommer 1944 bestand jedoch offensichtlich eine neue Situation, da vom französischen Festland kein Brennholz nach Alderney verschifft werden konnte. Die Besatzer wussten sich jedoch zu helfen.

„Zu Beginn der Invasion waren auch die Insassen der beiden KZ-Lager abtransportiert worden. Unsere Batterie bekam eine der Holzbaracken zum Abbruch zugeteilt. Ich fuhr – per Rad – mit unserem neuen Spieß dorthin, um Augenschein zu nehmen. Wir blickten in die seit Wochen verlassene Baracke. Der Boden hüpfte vor Ungeziefer. Es waren hungrige Flöhe – was der Spieß zu spät begriff. Er sah nur die elektrischen Birnen und die intakten elektrischen Schalter. Er konnte es nicht lassen. Er

musste abmontieren. Ich blieb außerhalb. Graue, schmierige Decken lagen auf Stapeln. Die Betten leere Holzgestelle; vor allem: die ganze Baracke war aus Holz!

Bei der Heimfahrt begann mein Spieß zu kratzen und zu scharren: an allen Stellen, wo der Körper aus der Uniform ragte, begannen die flinken Tierlein ihm unter die Weste zu kriechen, um sofort zu stechen und saugen zu beginnen.

So sehr man aus den Zügen sich auf das Holz gefreut hatte, die Geschützführer griffen unter solchen Umständen nicht zu.

Im ersten Zug war ein Zimmermann namens Mang. Er löste die Flohfrage elegant. Mit ein paar Mann warf er das Dach der Baracke herunter. Es regnete eine Woche lang in die leeren Räume, dann waren die Flöhe tot. Und jetzt erhoben plötzlich alle Zugführer wieder ihren Anspruch auf ein Viertel des Holzes".

Dieser um 1973 geschriebene Text wirft, ob man ihn 20 oder 50 Jahre später liest, als Kind, Enkel oder Urenkel des Memoirenschreibers, viele Fragen auf. Warum erinnerte sich der Vater/Großvater/Urgroßvater nur an zwei Konzentrationslager, wo es auf Alderney doch vier Lager gab: drei Arbeitslager, die Lager Borkum, Helgoland und Norderney, sowie das von der SS bewachte KZ mit dem Namen Sylt? Handelt es sich beim Bericht in den Memoiren um Gedächtnislücken oder tatsächlich um mangelndes Wissen? Die Flakstellung lag, wie wir auf der Fahrt über die Insel mit dem Inselhistoriker feststellen konnten, in der Nähe des Konzentrationslagers Sylt, die Batteriebefehlsstelle dagegen in der Nähe des Arbeitslagers Norderney. Konnte es sein, dass er von den beiden anderen Arbeitslagern gar nichts wusste? Und erneut wundert man sich, wenn man diesen Bericht liest, warum zwar der desolate Zustand der Baracken beschrieben wird, warum der Memoirenschreiber aber wenigstens im Rückblick nicht die Frage diskutiert, wie es den in diesen Baracken einquartierten Zwangsarbeitern gegangen sein mag. Verdrängung? Schlechtes Gewissen? Die Härte dessen, der selbst nur knapp überlebt hatte? Warum keine Worte der Empathie mit den unglücklichen Personen, die in den von Flöhen verseuchten Baracken gelebt hatten und die gezwungen gewesen waren, unter schmutzigen Decken auf Holzgestellen zu schlafen?

Ebenso verwundert, dass in dem Bericht in den Memoiren alle Informationen darüber fehlen, dass sich die Besatzer in jenem Winter 1944/45 auch auf andere Weise mit Brennmaterial versorgten. Dazu erfuhren die Alderneybesucher im September 2023 mehr. In der ersten Septemberwoche fand in der Kirche St. Anne auf Alderney ein Konzert statt, das die Nachkommen des Memoirenschreibers besuchten. In der Pause sprach einer der Besucher den ebenfalls anwesenden Pastor der Kirche an und fragte ihn, ob die deutschen Soldaten denn während der Besatzungszeit diese Kirche für Gottesdienste benützt hätten. Nein, war die Antwort. Deutsche Gottesdienste seien aber in der nahe gelegenen Kirche der Methodisten gefeiert worden. Das Gotteshaus der Anglikaner sei dagegen zunächst verschlossen gewesen, bis zum Winter 1944/45. Dann sei die Kirche von den Deutschen aufgebrochen worden, und sie hätten alles, was aus Holz bestand, herausgeholt: die Bänke, das Chorgestühl, einfach alles, genau so, wie sie damals auch alles, was brennbar war, aus vielen Häusern in Alderney herausgeholt hätten: Treppengeländer, Türen, zum Teil sogar Möbel. Als die Inselbewohner Ende 1945/Anfang 1946 zurückkehrten, hätten sie viele Häuser sowie auch ihre Kirche in einem unbeschreiblich verwüsteten Zustand vorgefunden. Die deutschen Besatzer als Vandalen.

Außerordentlich aufschlussreich sind die dann folgenden Passagen, in denen in den Memoiren von den Konzentrationslagern auf der Insel berichtet wird.

„Es war uns verboten, mit den Insassen der zwei KZ's irgendwelchen Kontakt aufzunehmen. Wohl kauften wir in ihrer Kantine Dinge ein, die es bei uns nicht gab. Es gab bei uns von Zeit zu Zeit Marketenderwaren, aber keine ständige Verkaufsstelle. So kaufte ich Rasierseife und Rasiermesserchen im KZ. Dort unterhielten wir uns auch mit den Wachmännern: älteren Figuren in Infanterieuniformen. Wir erfuhren von dem raffinierten Überwachungssystem: Häftlinge überwachten Häftlinge" (das „Kapo-System"). *„Und dabei ging man ebenso praktisch wie gemein vor. Kriminelle Elemente knechteten harmlose Männer, etwa ‚Ernste Bibelforscher'. Wir ließen uns die Zeichen am Rockaufschlag der Häftlinge erklären. Rot bei den Politischen, gelb bei den Ideologischen, grün bei den Homos".*

Bei dieser Schilderung muss es sich um das Lager „Norderney" gehandelt haben, das in der Nähe der Batteriebefehlsstelle lag und das in dieser Stelle in den Memoiren auch als Konzentrationslager bezeichnet wird, auch wenn im Lager „Norderney", anders als im Lager „Sylt", das offiziell als Konzentrationslager galt, nicht die SS alles beherrschte. Im Lager „Norderney" waren nämlich, wie dem 2024 von Lord Eric Pickles veröffentlichten Bericht über die Lager auf Alderney zu entnehmen ist, nicht von Anfang an, sondern erst seit 1943 auch einige SS-Soldaten als Aufseher tätig (The Lord Pickles Expert Review, 2024, S. 11). Trotzdem ist kaum nachzuvollziehen, dass in den Memoiren an keiner Stelle weder die SS erwähnt wird, noch die deutschen Baufirmen, die im Auftrag der Organisation Todt auf der Insel die gewaltigen Festungsanlagen aus Beton errichteten und zu diesem Zweck Hunderte, Tausende von Zwangsarbeitern einsetzten. Interessant ist, was in den Memoiren über Kontakte mit den Zwangsarbeitern berichtet wird.

„Schon vor der Invasion und Absperrung herrschte hier Hunger. Täglich kam ein staubig-müder Trupp von einem Steinbruch heraus an unserem Troß-Gebäude vorbei. Dort stand ein Brunnen. Bei ihm deponierte ich täglich Brotreste, die ein gewandter Bursche, der sich am Brunnen geschwind die Hände wusch, schnappte. Beinahe unbegreiflich war es, wie sich ein KZ'ler mit einer Mamsel von unserer Küche treffen konnte. Groß-Razzia. Der Mann wurde erwischt und an Ort und Stelle – vor unseren Augen – auf Befehl der Wachmänner von seinen Kameraden jämmerlich verprügelt".

Wie wir während der Rundfahrt mit dem Inselhistoriker feststellten, befand sich in der Nähe der Batteriebefehlsstelle sowie des Arbeitslagers Norderney ein Steinbruch. Einen Brunnen oder eine Wasserstelle haben wir dort dagegen nicht entdeckt. Der konnte aber nach 80 Jahren auch verschwunden sein.

Wir fragten uns jedoch, ob sich die Geschichte mit den täglichen Brotresten am Brunnen tatsächlich so abgespielt haben konnte, wie das in den Memoiren geschildert wird und haben das im Anschluss an die Reise nach Alderney in Großbritannien mit mehreren historisch interessierten Freunden diskutiert. Wahrscheinlich ja, meinten einige.

Denn warum hätte ein ehemaliger deutscher Soldat so eine Geschichte erfinden sollen. Möglicherweise nein, entgegneten andere. Vielleicht hat sich der ehemalige deutsche Soldat, als er seine Memoiren schrieb, gewünscht, er hätte seinerzeit Brotreste auf den Brunnenrand gelegt, um den hungrigen Zwangsarbeitern wenigstens etwas zu helfen, und je mehr er darüber nachdachte, dass er das hätte eigentlich tun sollen, desto eher erschien es ihm möglich, dass er das vielleicht tatsächlich getan, aber nur vergessen hatte.

Im Kern stimmten beide Varianten aber überein. Denn das, was wir bei der Schilderung über die Baracken der Zwangsarbeiter vermissten, nämlich Empathie, ging aus der Schilderung mit den Brotresten deutlich hervor. Mehr noch: Wenn unser Vater/Großvater/Urgroßvater Brotreste auf den Brunnenrand legte, ging er sogar ein nicht unerhebliches Risiko ein. Ein überzeugter Nazi hätte ihn denunzieren können. Denn von dem wenigen Brot, das er selbst hatte, legte er immerhin etwas auf den Brunnenrand. Dass er die Zwangsarbeiter bedauerte, geht auch aus einer weiteren Passage in den Memoiren hervor.

„Ich war als Batteriebefehlsstellen-Wachtmeister auch Bauoffizier. Brauchte ich Zement, musste ich ihn in einem Lager der Organisation Todt abholen. Der Verwalter des Zementlagers war ein KZ'ler. Jedenfalls hatte ihn irgendein verantwortlicher Dienstgrad aus Bequemlichkeit so eingestellt. Und nun war er ein wichtiger Mann, der seine Stellung ausnützte. Ich schmierte ihn mit Rauch- und Esswaren – vor der Invasion! - und bekam ein paar Sack Zement mehr. Die älteren, müden KZ-Wachmänner taten uns ebenso leid wie die KZ-Insassen“.

Warum sind alle Passagen in den Memoiren, in denen über Kontakte zu Zwangsarbeitern beziehungsweise zu den in den Konzentrationslagern Inhaftierten berichtet wird, trotz aller Anzeichen von Empathie aber so seltsam distanziert? Wie schade, dass man den Memoirenschreiber nicht mehr fragen kann. Lag die Art und Weise, wie er über seine Kontakte zu den Konzentrationslagern auf der Insel berichtete, daran, dass er als Gefangener sich mehrfach Filme mit Berichten über die grauenhaften Zustände in Konzentrationslagern hatte ansehen müssen, und dass er diese Form der *reeducation* auch 30 Jahre später, als er die Memoiren schrieb, immer noch als eine Art Nötigung empfand? Dazu eine Passage aus den Memoiren vom Sommer 1945, also aus der Zeit der Gefangenschaft in Großbritannien.

„In Camp 159, dem ersten Arbeitslager, zeigte man uns die KZ-Filme. Die Dolmetscher wollten von uns Stellungnahmen. In einer großen Sandgrube war eine Riesenleinwand aufgespannt. Nachts wurden wir hierher befohlen: Zelt 1 bis 20, 21 bis 40, usw. Die Situation war gespenstisch genug. Dann begannen die Schauerfilme. Skelette, die Skelette begraben. Ich hörte, wie ein Dolmetscher zum anderen sagte: ‚Da hätten wir sie beisammen. Man sollte sie alle zusammen erschießen, die Schweine'. Anderntags in Einzel-Verhören forschte man uns aus: ‚Was sagen Sie dazu?' ‚War das alles gestellt?' ‚Nehmen Sie zu den Verbrechen Stellung!' ‚Was haben Sie davon gewusst?' ‚Was sagen Ihre Kameraden dazu?'"

Keine weiteren Kommentare zu dieser Passage in den Memoiren. Kein Hinweis darauf, wie er die Fragen, die er nennt, seinerzeit beantwortet hat. Keine Verbindung zwischen den Filmen, die man ihnen zeigte, und den Erfahrungen mit den Konzentrationslagern auf Alderney. Kein Satz zur Judenvernichtung unter den Nazis. Kein Halbsatz, in dem er andeutete, was er damals davon gewusst hat. Ahnte er, als er die Memoiren schrieb, dass auch auf Alderney Skelette Skelette begraben hatten und dass in den Arbeitslagern, vor allem aber in dem von der SS geleiteten Konzentrationslager auf Alderney viele Menschen – Hunderte? Tausende? – ihr Leben verloren hatten? Ahnte er also etwas von dem, was heute in der britischen Öffentlichkeit kontrovers diskutiert wird – etwas von dem, was in dem einzigen Konzentrationslager sowie in den ähnlich organisierten drei Arbeitslagern auf britischem Boden geschah? Warum sind in den Memoiren die Berichte über Kontakte zu den Insassen der Lager deshalb im Gegensatz zu den Berichten über die militärische Bedrohung oder den Berichten über die Folgen des Hungers auf einige wenige Episoden beschränkt? Der Schluss liegt nahe, dass in den Memoiren manches verschwiegen und nicht alles, was einen aus heutiger Sicht interessieren würde, erzählt wird.

XII.

Das Warten auf die Gefangennahme im Frühjahr 1945

An den letzten beiden Abenden auf der Insel im September 2023 beschäftigten sich die Besucher aus drei Generationen mit dem Ende der deutschen Besatzung auf Alderney und dem Ende der Hungerperiode. Wiederum standen die Memoiren im Zentrum, in denen auch diese Themen ausführlich erörtert werden. Wiederum ist der Bericht erstaunlich detailliert.

„Auf Alderney warteten wir 45 auf unsere Gefangennahme. Irgendjemand musste uns doch von der Insel holen. Der normale Landser deckte sich in dieser Zeit planmäßig für die unausweichlich kommende Gefangenschaft ein. Wir tauschten auf der Kammer unsere Klamotten. Ein Paar Ersatzstiefel, neue Socken, Unterhosen, Hemdchen und Hemden. Auch Nahrungsmittel in Form von Büchsen. Was packte Bürck ein? Bücher, nichts als Bücher. Bis zum letzten Tag hatten wir in der Frontbücherei die schönsten Bände kaufen können. Bürck musste ich geradezu dazu zwingen, auch etwas Praktisches einzupacken“.

Besonders beschäftigte uns in der Folgezeit folgende Passage:

„Ich hatte schon vor der Kapitulation gute Beziehungen zum Lotsen des Hafens. Er war sehr an Kunst interessiert.

Ihm brachte ich die Kunstbücher, die ich mir im letzten Jahr in der Frontbuchhandlung gekauft hatte. Ich gab ihm mein Inseltagebuch – mit Heimatadresse. Das Tagebuch kam,wenn auch erst nach Jahren, in Talheim an".

Wo war das Insel-Tagebuch, fragten wir uns. Nach dem Tod der Mutter fanden die drei Kinder eine Anlage zum Testament, in der die Eltern, wie es scheint, kurz vor dem Tod des Vaters 1975, ausführlich beschrieben und festgehalten hatten, welches der Kinder welche Bilder, welche Möbel und welche weiteren Gegenstände, die nach Ansicht der Eltern einen Wert hatten, bekommen sollte. Auf dieser Liste stand vermerkt, dass der eine Sohn, der Historiker, neben den Memoiren des Vaters auch dessen Insel-Tagebuch erhalten sollte. Als sie nach dem Tod der Mutter deren Wohnung räumten, fanden die Kinder die acht Hefte der Memoiren, nicht aber das Insel-Tagebuch. Unklar war, unklar blieb bis heute, wo das Insel-Tagebuch geblieben war. Ob die Mutter etwa das Insel-Tagebuch vernichtet hatte, ebenso wie sie aus dem Briefwechsel der Eltern während des Krieges eine ganze Anzahl von Briefen herausgenommen hatte, weil diese „für die Nachwelt nicht geeignet" gewesen seien, wie sie sagte? Was konnte der Vater jedoch auf Alderney in sein Tagebuch geschrieben haben, was „für die Nachwelt nicht geeignet" war?

Während des Besuchs auf Alderney im September 2023 hörten die sechs Besucher von einigen Einheimischen, der Lotse sei ein Ire gewesen, also jemand, der nicht von der Insel stammte. Man habe ihm nach dem Krieg misstraut, weil er sich mit den deutschen Besatzern offensichtlich arrangiert hatte. Einige Jahre später habe er die Insel wieder verlassen. Es hätte also gar keinen Sinn gemacht, nach Kindern oder

Enkeln des Lotsen zu suchen, um sie zu fragen, ob noch einige der Kunstbücher in ihrem Besitz waren, die der Vater dem Lotsen kurz vor der Kapitulation übergeben hatte. Immerhin hatte dieser Lotse aber das Versprechen gehalten, das er gegeben hatte, und das Insel-Tagebuch an die ihm gegebene Adresse in Deutschland geschickt.

Zurück zum Bericht in den Memoiren über die Zeit unmittelbar vor Kriegsende.

„Am 20. April 45 hörten wir auf Alderney noch Goebbels Rede zu Hitlers 56. Geburtstag. Es war Gemeinschaftsempfang beim Troß angeordnet worden. Die Züge hatten schon längere Zeit ihre neun Apparate auf der Batterie-Schreibstube deponieren müssen, damit niemand einen Feindsender höre. Jedermann ahnte die aussichtslose Lage. Aber Goebbels wickelte viele trotz besserem Wissen ein. Einige schworen noch auf eine Wunderwaffe, denn es konnte doch nicht sein, was nicht sein durfte“.

Während weite Teile Deutschlands bereits von den Truppen der Alliierten erobert waren, herrschten an der äußersten Peripherie, auf Alderney, noch die Hitler treuen Nationalsozialisten. Auch der nächste Satz in den Memoiren zeigt das:

„Ein Gefreiter, der unverblümt ausgesprochen hatte, was alle dachten – dass Kapitulation und Gefangenschaft in einem neutralen Land, etwa in Spanien, das beste wären – saß postwendend im Gefängnis. Er kam sogar noch vor ein Kriegsgericht. Aber dann rollten die Räder der Geschichte schneller als der Strafvollzug: die Kapitulation Deutschlands und der Insel befreiten ihn – und er war wieder ein Held“.

Während der Vater auf Alderney zusammen mit seinen Kameraden darauf wartete, endlich in Gefangenschaft zu geraten, veränderte sich das Leben seiner Familie in Talheim dramatisch. Anfang März wurde der Unterricht eingestellt. In das Schulhaus rückte eine Kompanie mit Sanitätssoldaten ein, die in den Klassenzimmern kampierten. Als die Front näher rückte, besorgten sich die Soldaten Zivilkleider und verschwanden über Nacht. Sie hinterließen Berge von Decken, Leintüchern, Sanitätsmaterial. Das sprach sich im Dorf rasch herum mit der Folge, dass zunächst einige wenige Personen, dann aber immer mehr in das Schulhaus eindrangen und sich holten, was es dort gab. Wir saßen oben im Schulhaus in unserer Wohnung und hörten Geschrei und Lärm, wir ahnten Tumult und Streit, so wie es wohl immer schon bei Plünderungen zugegangen sein mag. Am Abend stellten wir fest, dass die Plünderer auch unseren Keller und den Dachboden, der zu unserer Wohnung gehörte, aufgebrochen und sich von dort genommen hatten, was ihnen passte, nicht nur Lebensmittel, sondern zum Beispiel auch unsere elektrische Eisenbahn und unseren Schlitten.

Wir waren froh, als wenige Tage später französische Truppen das Dorf einnahmen, genauer: tunesische Kampfeinheiten. Auch sie kampierten im Schulhaus. Da es in den Klassenräumen keine Kochgelegenheit gab, nahmen sie die Küche in unserer Wohnung in Besitz und brieten dort die Hühner, die sie den Bauern im Dorf weggenommen hatten. Auch wir Kinder, mit großen Augen und hungrigen Mägen, bekamen etwas ab. Vor allem unsere Reutlinger Großmutter, die inzwischen bei uns wohnte, war hoch erfreut über den Kaffee, den ihr die tunesischen Soldaten anboten. Sie trank mehr, als ihr gut tat. So guten Kaffee hatte sie seit 1939 nicht mehr getrunken.

Zum Zeitpunkt meines neunten Geburtstages, dem 29. April, an dem ich zusammen mit tunesischen Soldaten in unserer Küche stand und über die Freundlichkeit der fremden Soldaten staunte, ohne aber zu verstehen, was diese sagten, war die Militärführung auf Alderney immer noch nicht bereit zu kapitulieren. Das geschah erst einige Tage später.

„In den Nachrichten – am einzigen genehmigten Apparat beim Troß – hörten wir am 8. Mai 1945 von der Kapitulation. Der dienstliche Draht schwieg. Der Flugmeldedienst bestand weiterhin. Und ich hatte zufällig gerade in dieser Nacht für die Flak der Insel Bereitschaft. Ich rief Oberleutnant Graf an. Der Krieg sei aus. Ob ich überhaupt noch Fliegeralarm geben soll. ‚Was denken Sie! Das müssen wir erst dienstlich übermittelt bekommen haben!' Der tapfere Österreicher“ (Graf stammte aus Krems), *„der sich wenige Wochen später beim Antritt der Gefangenschaft als ‚gepresster Ostmärker' und Antifaschist aussortieren ließ, um möglichst schnell nach Hause zu kommen, spielte noch ‚im Felde unbesiegt'“.*

Spott klingt mit, wenn es weiter heißt: *„Als wir in Gefangenschaft abgeholt wurden, gab es als erste Sortierung drei Gruppen: die ‚hilfswilligen' Russen, die gepressten und verführten Österreicher und uns Militaristen“.*

Etwas sachlicher der folgende Satz:

„Ich hatte als verantwortlicher Flugmelde-Offizier Glück. Die Nacht blieb still. Die Folgen wären nicht abzusehen

gewesen, wenn wir noch einmal einen Feuerzauber riskiert hätten.

Anderntags kam vom Oberkommando der Kanalinseln offiziell der Befehl, alle Kampfhandlungen einzustellen".

Zu diesem Zeitpunkt hatten die tunesischen Soldaten das Talheimer Schulhaus bereits wieder verlassen. Reguläre französische Besatzungssoldaten hatten das Kommando im Dorf übernommen und das Schulhaus zu ihrem lokalen Hauptquartier erklärt. Die Lehrerfamilie musste ihre Wohnung verlassen und eine neue Bleibe im Dorf suchen. Mit Mühe fanden wir zwei Zimmer, in denen wir, immerhin fünf Personen, unterkommen konnten. Anders ging es auf Alderney weiter. Dazu noch ein letztes Mal der Bericht in den Memoiren.

„Auf Alderney gehortete Verpflegung hätte bei strenger Rationierung noch bis Herbst 45 gereicht. Nach Bekanntgabe der Kapitulation wurden die Vorratslager geöffnet. Ein wilder Sturm begann: erraffe, was du vermagst! Die tüchtigen Allerweltskerle waren vorn, nicht die Ausgehungerten.

Unser Fourier brachte Eingedostes in Menge: Ölsardinen, Wurst, Butter, Käse. Ich hatte einen Karton mit Wurst unterm Bett stehen. Es mangelte nur an Brot. Nun wurde also geschlemmt. Es gab keine Vorschriften, keine Vorgesetzten mehr. Heißhungrig verschlangen wir das Langentbehrte.

Die Folgen waren schrecklich. Dünnschiß allerorten. Es gab Durchfalltote. Die Fülle an Fett und Eiweiß schaffte unser Körper nicht.

Prompt folgte auf das Chaos die Kupierung. Die Offiziere kamen nach dem Durcheinander wieder auf die Beine und besannen sich auf ihre Pflicht, Ordnung zu halten. Truppenärzte erließen Vorschriften. Tagesbefehl: alle Küchen haben einen kohlehydratreichen Eintopf zu kochen. Warnung vor zu viel Fett. Verbot als Freibeuter sich in den Magazinen mit Lebensmitteln einzudecken.

Die Chargen blieben also Chargen. Und auch im Besitz der Waffen. Das Chaos war gebändigt.

Unsere Lage normalisierte sich wieder. Wir hatten dienstfrei und warteten. Wann würde uns jemand von der Insel holen? Ein paar Verwegene trieben ein Floß auf und versuchten auf eigene Faust nach der vor unseren Augen liegenden französischen Küste zu kommen. Wenn ihnen das je glückte, kamen sie in die schreckliche französische Gefangenschaft, die nur von der russischen noch übertroffen wurde".

Ausführlich werden wir in den Memoiren anschließend über das Finale informiert.

„Unsere Befreier kündigten sich per Funk an. Der Hafenbezirk der Insel sei zu räumen. Dort waren alle Handwaffen, die Geschützmunition, die E-Messgeräte und Ferngläser auf einen allgemeinen Scheiterhaufen zusammenzutragen. Einen Teil der Granaten warfen wir über die Steilküste ins Meer. Mein gutes Dienstglas warf ich auch voll Zorn zu dem ausgedienten Kriegsgerät, das nun Gerümpel geworden war".

Wie die Besiegten feststellten, gingen die Sieger mit größter Vorsicht vor.

„Wir warteten. Wir bangten: denn wenn man uns hier in untätiger Freiheit sitzen und fressen ließ, musste bald wieder

rationiert werden. Es war frühlingswarm. Wir sonnten uns vor unseren Baracken – und warteten. Soldaten, die sich sehnlichst ihre Gefangennahme wünschen. Eine Burleske, in der uns nur eine gute Portion Galgenhumor helfen konnte. Erneute Anfrage unserer Befreier per Funk, ob das Hafengebiet keimfrei sei von deutschen Soldaten. Eine Flotille rückte an. Minensuchboote kreuzten vor der Hafeneinfahrt. Der Lotse fuhr aus. Endlich Einfahrt in den Hafen.

Wir sahen zu wie die Truppen die Schiffe verließen und in die Häuser beim Hafen einrückten. Und wir harrten erwartungsvoll der Dinge, die da kommen sollten. Sie kamen, aber erst am Tag darauf".

Die Demütigung der Besiegten begann, ehe sie gefangen genommen wurden.

„Nachmittags standen und saßen wir müßig vor den Baracken. Da beobachteten wir gegenüber im Hafengebiet ein militärisches Spiel: da wurde angetreten, es bildeten sich Gruppen, die ausmarschierten. Und es dauerte nicht lange, da näherte sich unserer Unterkunft in geöffneter Ordnung, aber ganz militärisch, auch ein Trupp. Vorsichtig pirschten sie sich herauf, manche duckten sich wie Indianer spielende Jungen auf dem Kriegspfad. Wir fanden den Zauber überflüssig und auch belustigend, denn sie sahen uns doch waffenlos vor den Hütten stehen.

Sie hatten die Maschinenpistolen im Anschlag. Ein Mutiger drang in die Baracke ein. Mit einem Fußtritt stieß er die halboffene Tür vollends zurück und jagte eine Salve ins Blaue. Er ballerte noch eine Weile. Wir hörten eine Art Kriegsgeschrei. Dann rückte die Gruppe ab. Wir waren erobert; die Sieger zogen weiter zur nächsten Stellung".

Aus der Sicht des Memoirenschreibers hatten die Sieger bald jeden Respekt verloren.

„Anderntags dieselbe Situation. Wieder sahen wir sie anrücken. Doch verlief diesmal alles anders. Aus den Helden waren Händler geworden. Sie kamen als Geschäftsleute. Gegen Zigaretten und Schokolade wollten sie Uhren, Füllfederhalter, Fingerringe und Photoapparate eintauschen. Sie bedeuteten uns, dass uns das sowieso abgenommen würde. Ein Ehering zehn Zigaretten, ein Photoapparat zwanzig, ein privates Fernglas ebenfalls zwanzig, und so fort. Ich hatte keine Lust, etwas zu verkrümmeln".

Gegen Ende der Lektüre des Berichts über Alderney erwartete uns dann noch eine Überraschung.

„Ich wusste: Wenn diese Befreier in den nächsten Tagen unsere Unterkünfte inspizierten, dann würden sie unter meinen zurückgelassenen Büchern einen Band Hitler ‚Mein Kampf' finden, den ich wenige Tage zuvor in der Frontbuchhandlung nur zu dem Zweck mitgenommen hatte. Ebenso hatte ich mein Rasiermesser dort sichtbar zurechtgelegt; es war streng verboten, dieses mitzunehmen, denn es galt als Waffe".

Über diese Passage in den Memoiren haben wir lange diskutiert. Was sollten diese geradezu provokativen Aktionen, was der Halbsatz *„nur zu dem Zweck"* bedeuten, was sollte das alles denn bewirken? Handelte es sich um Schabernack, um einen Jux und baren Unsinn in einer Situation, deren eigentliche Bedeutung alle Betroffenen nicht abschätzen konnten?

Oder ging es um Symbole, und zwar um die Verstärkung und Bestätigung von Vorurteilen mit Hilfe von Symbolen: Wenn die Alliierten kamen, um die Reste der Armee Hitlers gefangen zu nehmen, dann sollten sie also genau das vorfinden, was sie glaubten, dass sie vorfinden würden: nämlich Beweise für die Ideologie, die sie bekämpft hatten und einen Nachweis von deren Gefährlichkeit. Wie gerne hätten wir mit dem Vater/Großvater/Urgroßvater über diese skurrile Episode diskutiert!

Ganz anders wurde die Situation unmittelbar vor Kriegsende im Talheimer Schulhaus, wo seit Wochen kein Unterricht mehr stattfand, eingeschätzt. Dort hatten zu diesem Zeitpunkt Frau und Kinder gemeinsam sorgfältig und mit aller Vorsicht, damit niemand sie sah, alle Hitlerbilder von den Wänden in den drei Klassenräumen und im Büro entfernt, in eine Tasche gesteckt, in den nahen Wald getragen und dort mit einem Gefühl der Erleichterung, dass die schlimmen Zeiten nun bald endlich vorbei sein würden, gar in einem Gefühl des Triumphs, dass das Naziregime nunmehr bald zu Ende sei, in eine tiefe Erdspalte geworfen. Die anrückenden Franzosen sollten kein vom Nazigeist infiziertes Schulhaus vorfinden.Doch zurück nach Alderney und ein letztes Stück aus den Memoiren.

„Nach diesen zwei ereignisreichen Tagen trat wieder Windstille ein. Wir saßen im Ungewissen. Erst nach Tagen kam der Befehl, wir sollten uns zur offiziellen Gefangennahme bereit machen.

Landungsboote – Schiffe, mit denen man bei der Invasion Panzer und Amphibienfahrzeuge befördert hatte – wurden am Strand aufgefahren, hatten die Landeklappen herabgelassen und zeigten ihre leeren dunklen Bäuche“.

Dann ging es endlich Schlag auf Schlag.

„Wir hatten seit Tagen pünktlich prall unsere Rucksäcke gepackt. Was braucht ein Mensch in der Gefangenschaft? Bei uns herrschte preußische Ordnung. Es herrschte fatalistischer Stumpfsinn. Zuerst wurde Mann für Mann registriert. Es begannen die Österreicher, die sich benahmen, als seien sie von uns, ihren Unterdrückern, befreit worden, und die sich wie Sieger gebärdeten. Dann folgten unsere Offiziere. Sie hatten auch in Gefangenschaft von Anbeginn an einen Sonderstatus. Zunächst standen wir in Dreierreihen am Quai und warteten. Das lief ab wie ein Ritual. Wir wurden von Kanadiern Schritt für Schritt unterworfen".

Zu diesem Zeitpunkt lebte die Talheimer Familie, die samt Großmutter von den französischen Besatzungssoldaten aus dem Schulhaus verdrängt worden war, weiterhin beengt in zwei Stübchen in einem kleinen Haus am Dorfrand. Seit Anfang Februar 1945 hatten Frau und Kinder von ihrem Mann und Vater kein Lebenszeichen mehr erhalten. Erneut, wie schon im Sommer 1944 nach dem D-Day, Ungewissheit, Sorgen, gar Angst. Wie mochte der Vater die letzten Monate des Kriegs überstanden haben? Erst Monate später, im Juli 1945 sollten sie, auf Umwegen, hören, dass er das Kriegsende überlebt und in Gefangenschaft geraten war. Die drei Kinder waren zu diesem Zeitpunkt 12, 9 und 6 Jahre alt.

„Liebe Frau, liebe Kinder", so der erste Brief vom 25. Juli 1945 aus einem englischen Gefangenenlager. *„Mit vielen Kameraden zusammen befinde ich mich in einem englischen Kriegsgefangenenlager. Ich bin gesund. Ihr dürft ganz ohne*

Sorgen an mich denken. Im Zelt neben mir ist ein Mann aus Tuttlingen. Mit dem sitze ich oft am Abend zusammen und wir erzählen uns dann von daheim. Überhaupt bin ich viel in Gedanken bei Euch". Bald beginne die Erntezeit, und da helfe er mit. „*Was werdet Ihr mir alles erzählen können, wenn ich Euch wiedersehe. Möge es bald sein. Herzliche Grüße Vater*".

Große Erleichterung bei allen, auch wenn keineswegs klar war, wann der Vater aus der Gefangenschaft wieder nach Hause zurückkehren würde.

XIII.

Fragen im September 2023 an den Memoirenschreiber

Von dem was folgte, soll hier nicht mehr die Rede sein: von den zwei Jahren in britischer Gefangenschaft, von der Rückkehr in die Heimat und zur Familie im Juni 1947, von der dann folgenden Entnazifizierung, vom Wiedereinstieg ins Berufsleben. Dagegen muss noch einmal die Rede sein von dem, was der Bericht in den Memoiren darüber aussagt, wie unser Vater/Großvater/Urgroßvater im Rückblick die zwei Jahre beurteilte, die er von 1943 bis 1945 auf Alderney verbrachte. Denn das, was er erwähnte, ist zum Teil verstörend, und noch verstörender ist das, was er nicht erwähnte beziehungsweise offensichtlich nicht für erwähnenswert hielt oder nicht in Erinnerung behalten hatte.

Als wir im September 2023 an unserem letzten Abend auf Alderney im *Blonde Hedgehog,* dem schönsten Restaurant der Insel, zusammensaßen, kam viel davon zur Sprache. Anderes wurde uns erst später klar, als wir uns intensiver mit der Literatur beschäftigten, die in den letzten Jahren und Jahrzehnten über Alderney im Zweiten Weltkrieg erschienen ist: Mit dem von Theodore X. H. Pantcheff 1982 publizierten Buch „Alderney Fortress Island“, das auf seinen Recherchen unmittelbar nach Kriegsende beruht; mit dem von Brian Bonnard zuerst 1991 herausgegebenen und 2009 wieder aufgelegten Bericht „The Island of Dread in the Channel. The Story of Georgi

Ivanovitch Kondakov"; mit dem 2015 publizierten Werk von John Nettles „Hitlers Inselwahn. Die britischen Kanalinseln unter deutscher Besatzung, 1940 – 1945"; sowie mit dem von Caroline Sturdy Colls 2022 publizierten Buch mit dem Titel „Adolf Island. The Nazi Occupation of Alderney".

Geradezu grotesk war es, bei gutem Essen im *Blonde Hedgehog* über die Qualen der Hungerzeit nachzudenken. Als die drei Kinder 1947 vergeblich versuchten, in der Familie einen „Alderney-Tag" einzuführen, empfanden sie vielleicht von dem, was ihr Vater im Winter 1944/45 erlebt hatte, durchaus noch etwas, auch wenn sie damals keineswegs verstanden, warum ihm diese Idee partout nicht gefiel. Nach sonnigen Tagen auf der von einer spätsommerlichen Sonne mit warmem Licht durchfluteten Insel war es für die Inselbesucher auch außerordentlich schwierig, sich das Alderney der Kriegszeit vorzustellen: eine Insel, auf der eine große Zahl deutscher Soldaten stationiert war und bis hin zum D-Day eine nicht minder große Zahl von Zwangsarbeitern, eine Insel mit unzähligen Baracken, Bunkern, Geschützstellungen. Geradezu unmöglich war es jedoch, sich alle jene Grausamkeiten vorzustellen, denen die Zwangsarbeiter damals unterworfen waren: Arbeit bis zur totalen Erschöpfung, „Vernichtung durch Arbeit", wie in einigen neueren Studien zu Alderney in der Kriegszeit pointiert formuliert wird.

Warum hat unser Vater/Großvater/Urgroßvater in seinen Memoiren die Folgen der Hungerzeit mit drastischen Beispielen thematisiert, dagegen nicht das Schicksal der Zwangsarbeiter auf der Insel? Warum erwähnt er den Tod von Soldaten, nicht aber den Tod von Zwangsarbeitern, obwohl auf Alderney damals viele Hundert Menschen ums Leben kamen? Gewiss: Als er im Spätsommer 1943 nach Alderney kam, waren viele der gewaltigen Betonarbeiten bereits abgeschlossen. An vielen Bauprojekten wurde im Herbst 1943 aber immer noch mit Nachdruck gearbeitet. Wenn bei den im Auftrag der Organisation Todt durchgeführten Arbeiten viele Menschen ums Leben gekommen sind, was wir inzwischen wissen, dann waren viele dieser sinnlosen Morde bereits geschehen, als er auf der Insel ankam, aber keineswegs alle. Es wäre jedoch seltsam, wenn in den Kreisen der Soldaten in der Zeit vom Herbst 1943 bis zum Sommer 1944, als die meisten der Zwangsarbeiter noch auf der Insel waren und auch danach, als man die Zwangsarbeiter bereits auf das französische Festland zurück transportiert hatte, nicht noch Gerüchte von der vorhergehenden Zeit samt der Ausbeutung der Zwangsarbeiter im Umlauf gewesen wären.

Die Batteriebefehlsstelle, in der der Vater/Großvater/Urgroßvater, befördert zum Wachtmeister, seit Dezember 1943 stationiert war, lag in unmittelbarer Nähe des Lagers Norderney und in relativer Nähe zu den Orten, an denen die Zwangsarbeiter, die umgekommen waren, beerdigt wurden. Warum finden wir in den Memoiren dazu keinerlei Hinweis? Eine Antwort werden wir nie erfahren. Wir können nicht einmal mit Sicherheit sagen, wie glücklich oder unglücklich er damals auf Alderney war, glücklich, weil er das Meer, den Himmel und die Natur liebte, glücklich, weil er froh war, dass die Alliierten bei ihrem Angriff auf die Normandie im Juni 1944 die Insel „links liegen" ließen, wie er es an einer Stelle formulierte, oder unglücklich, weil er von Frau und Kindern getrennt war und den ganzen Krieg als sinnloses Unternehmen betrachtete. War er so unglücklich, gar beschämt, dass er vieles, was er gesehen hatte, in seinen Memoiren 30 Jahre später nicht zu Papier bringen wollte.

Wie aus den Memoiren hervorgeht, wurde der Vater/Großvater/Urgroßvater während der Zeit der Gefangenschaft zu keinem Zeitpunkt danach gefragt, was er in den knapp zwei Jahren auf Alderney erlebt, gesehen und getan hatte. Unmittelbar nach der Gefangennahme hatte man ihn wie alle, die auf Alderney stationiert gewesen waren, einer genau geplanten Prozedur unterworfen: „*Registrierung*", „*Filzung*", „*Desinfektion*". Das sei wie ein Ritual abgelaufen. Nicht im ersten Lager auf britischem Boden, in Southampton, sondern erst im zweiten Lager, in Hampton Park, wo er im Juni 1945 für drei Wochen untergebracht war, kam es dann zur Befragung, zu dem, was er in den Memoiren als „*politisches Verhör*" bezeichnet. „*Man kann sich unsere geistige und gemüthafte Verfassung in dieser Lage vorstellen*", schreibt er in den Memoiren. „*Halbverhungert, dreckig, übermüdet, übernächtigt, apathisch*". Die Verhöre seien nichts anderes als eine „*Demütigung*" gewesen. „*Verhört wurde von einem netten jungen Mann, der ein akzentfreies Deutsch sprach. Ein Jude. Er sollte später in einem Arbeitslager als Dolmetscher wieder auftauchen*".

„*Das erste Verhör in Hampton Park war für ihn Routine, für uns ein Urerlebnis*", heißt es weiter in den Memoiren. „*War Hitler ein Verbrecher? Sie waren in der SA, also haben Sie anderer Leute Wohnungen durchsucht! Sie sind Wachtmeister. Warum haben Sie einen so hohen Dienstgrad? Da haben Sie sicher mit Hitler für den Endsieg kämpfen wollen! Sie sind Lehrer. Gewiss haben Sie auch die Rassengesetze der NS unterrichtet. Sie waren Ortsgruppenleiter der NSV – hatten also eine sehr hohe Stellung in der Partei inne!*" Schließlich: „*Wenn Sie es nochmals zu tun hätten, würden Sie nationalsozialistisch unterrichten oder demokratisch?*"

Was in Hampton Park durchgeführt wurde, war offensichtlich der Versuch, die tatsächlich Schuldigen und überzeugten Nazis von den Mitläufern und den Unschuldigen zu trennen, also ein erster Schritt zur Entnazifizierung. An den Ereignissen auf der Insel Alderney während der fünf Jahre Besatzungszeit – an den Aktivitäten der Organisation Todt, am Schicksal der bei den Betonarbeiten eingesetzten Zwangsarbeiter, auch an den Aufgaben der für die Verteidigung der Insel eingesetzten Flakeinheiten - hatte der Befrager, wenn man dem Bericht in den Memoiren folgt, anscheinend kein Interesse. Auch hier stellen sich Fragen, denn immerhin hätte auch ein auf der Batteriebefehlsstelle eingesetzter Wachtmeister wie der Memoirenschreiber ein wichtiger Augenzeuge sein können. Handelt es sich bei dem Bericht in den Memoiren um einen Einzelfall, das heißt, dass möglicherweise andere der Gefangenen, die auf Alderney gewesen sind, durchaus befragt wurden? Wurden nur die deutschen Offiziere befragt? Oder wurden die auf Alderney stationierten Soldaten nicht befragt, weil der englische Geheimdienst glaubte, alles zu wissen, was wissenswert war? Oder war man auf englischer Seite der Meinung, auf spezifische Fragen zur Lage der Insel während der Besatzungszeit würde man von den ehemaligen Besatzern doch keine ehrlichen Antworten erhalten?

XIV.

Erinnerungsort Alderney: Welche Erinnerung zählt?

Die unterschiedlichen Perspektiven, von denen aus wir den „Erinnerungsort Alderney“ in den Blick genommen haben, fügen sich nicht zu einem auch nur einigermaßen stimmigen Bild zusammen. Die Berichte in den Memoiren des Mannes, der als 40-Jähriger auf der Insel stationiert gewesen war und der 30 Jahre später seine Eindrücke zu Papier brachte, ergeben ein anderes Bild als die Erinnerung, die seine Kinder aus den Jahren 1943 bis 1945 ihr ganzes Leben mit sich trugen. Die Eindrücke, die einige seiner Nachkommen bei einem Besuch auf Alderney im September 2023 sammelten, widersprechen zum Teil sowohl den Schilderungen in den Memoiren wie den Kindheitserinnerungen. Und alles zusammen steht in einem krassen Widerspruch zu den neuesten Erkenntnissen über Alderney als der Insel, auf der zahllose Menschen ihr Leben verloren: vernichtet durch sinnlose Arbeit, zu Tode geschunden durch den wahnwitzigen Plan, Alderney zu einer uneinnehmbaren Festung auszubauen. Und unser Vater/Großvater/Urgroßvater zwei Jahre lang mittendrin.

Was steckt also in dem schillernden Begriff „Erinnerungsort Alderney“? Wie soll diese Insel in Erinnerung bleiben? War sie ein Ort des unsäglichen Grauens und für die dorthin verschlagenen Menschen ein Schicksalsort? Ist es überhaupt möglich, die Erinnerung eines dort stationierten Soldaten mit den Erinnerungen der dorthin von den Nazis verschleppten unglücklichen Zwangsarbeiter zu vergleichen, von denen viele nicht überlebten, diese unterschiedlichen Sichtweisen gar zu einem stimmigen Bild miteinander zu verbinden? War das damalige Alderney, wenngleich aus unterschiedlichen Gründen und mit verschiedenen Folgen, ein Unglücksort für alle damals Involvierten: für die Bewohner der Insel, weil sie ihre Heimat für sechs lange Jahre verlassen mussten; für die dort stationierten Soldaten, weil sie nach dem D-Day in eine hoffnungslose Situation gerieten; vor allem aber für die nach Alderney verfrachteten Zwangsarbeiter, weil sie bis zur totalen Erschöpfung beim Bau der Verteidigungsanlagen schuften mussten?

Ist es überhaupt möglich, die Erinnerung der Kinder und die Eindrücke von deren Kindern in eine Relation zur Erinnerung jener Personen zu setzen, die damals persönlich auf dieser Insel lebten und die nicht wussten, was die Zukunft bringen würde? Welche Perspektive soll ein historisches Urteil über diese Insel bestimmen? Was bedeutet in diesem Zusammenhang die Erinnerung der Inselbewohner, die 1940 evakuiert wurden, von denen die meisten erst 1946 wieder auf ihre Insel zurückkehren konnten und die in ihrer Mehrzahl sich später überhaupt nicht mehr an diese tragische Periode ihrer eigenen Geschichte erinnern wollten und die Besetzung ihrer Insel als eine für alle Zeiten vergangene Episode betrachteten? Wie ist die in der britischen Presse in jüngster Zeit wiederholt formulierte Anklage zu bewerten, dass die Konzentrationslager auf Alderney als die einzigen Konzentrationslager auf britischem Boden für alle Zeiten eine Schande der britischen Regierungen darstellen und dass alles getan werden müsse, um diesen Skandal aufzuklären? Schließlich: Was bedeuten alle diese unterschiedlichen Erinnerungen - in Memoiren festgehaltene und in Familienlegenden verwurzelte kindliche Erinnerungen ebenso wie die Erinnerungen der auf die Insel als Zwangsarbeiter Verschleppten – im Verhältnis zu Einsichten zeitgeschichtlicher Forschung?

Die Arbeitslager und das Konzentrationslager auf Alderney waren, darüber besteht ein Konsens, ein Teil, ein durchaus typisches, im Grunde aber nicht außergewöhnliches Teilstück der nationalsozialistischen Großmachtpolitik. Wenn es darum ging, ihre wahnwitzigen Ziele zu erreichen, das heißt im Fall von Alderney einen strategisch besonders wichtigen Punkt des Atlantikwalls zu befestigen, waren dieser Politik alle Mittel recht, auch wenn dabei Tausende Menschen ihr Leben verloren. An dieser Stelle lassen sich Kausalitäten erkennen, verbunden mit der Verantwortung für das Geschehene, auch Schuld. Dass buchstäblich Tausende, deren Leben mit Alderney nichts zu tun hatte, in dieses Geschehen hineingezogen wurde, lässt die Dimensionen des Problems Alderney erkennen, und hier könnte und sollte man auch von Tragik reden. Und tragisch war in jedem Fall, was die eigentlichen Bewohner von Alderney von 1940 bis 1946 erlebten. Ob die Nazis tatsächlich Tausende von Juden und andere ihrer Ansicht nach lebensunwerte Personen nach Alderney verfrachteten, nur, um sie dort zu vernichten, dass Alderney also ein zweites Auschwitz war, scheint nach allem, was bekannt ist, dagegen nicht wahrscheinlich.

Besucher von Alderney erkennen heute schon nach kurzer Zeit, was in der jüngsten Geschichte der Insel „harte“ Fakten sind. Es sind jene Betonbauten, die seit der Zeit des Zweiten Weltkriegs das Gesicht der Insel prägen: „Betonharte Fakten“, wenn man so will, die im Streit der Meinungen über

„Adolf Island“ noch lange Zeit sichtbar bleiben werden. Da Beton aber nicht sprechen kann, und selbst eine Vielzahl von Betonanlagen nicht, ist, um zu verstehen, was auf Alderney unter deutscher Besatzung passierte, die Interpretation aller Stimmen notwendig, die sich zu den damaligen Ereignissen äußern: Zeitgenössische Stimmen, spätere Stimmen, Dissonanzen mit eingeschlossen. Erst beim Entwirren der Stimmen kommt man vielleicht dem näher, was man als das unverwechselbare Schicksal von Alderney in jener Zeit begreifen kann - und was deshalb davon in Erinnerung bleiben sollte.

XV.

Versöhnlicher Ausklang 1947

Als der Vater im Herbst 1946 immer noch in Gefangenschaft war und die Adventszeit nahte, richteten die drei Kinder, inzwischen 13, 10 und 7 Jahre alt, (nicht ohne Hilfe ihrer Mutter) einen Brief an den Kommandanten, also an die militärische Leitung des Gefangenenlagers Nr. 300, in Wilton Park bei Beaconsfield in Buckinghamshire, in dem sich ihr Vater damals befand und von dem sie, weil er ihnen von dort geschrieben hatte, die Adresse wussten. Sie baten den britischen Offizier, ihren Vater doch zu entlassen, damit sie mit ihm gemeinsam Weihnachten feiern könnten.

Am 13. Dezember 1946 erreichte sie folgende Antwort:

„I have received your letter dated 12th November and I quite understand the feelings which prompted you to write to me. Your Father, I am glad to be able to tell you, is very well and he is, of course, as anxious to go home to your mother and to his children as you are to have him.

Unfortunately, however, I am not able to say when he will be able to leave England to Germany.

Let us all hope that we shall not have any more war and that when you children grow up it will be in a peaceful, happy and prosperous Germany on the best of terms with Great Britain and all other nations.

I realize that Christmas must be a sad time for you with your father still a prisoner of war, but I trust that it will be as happy as possible in the circumstances. I congratulate Isolde on her English. She is very wise to learn it, as many of the world's worst troubles are due to language difficulties.

Again my best wishes,
Yours sincerely,
A. St. Clare Grondona
Major, Commandant".

Die in diesem Brief erwähnte Isolde, das älteste der drei Kinder, ging nach dem Abitur 1953 als Au-Pair nach London, studierte später Anglistik und brachte als Lehrerin viele Jahre lang schwäbischen Kindern Englisch bei. Mein jüngerer Bruder verbrachte zusammen mit seiner Familie die Ferien häufig in Großbritannien. Auch ich war zum Studium für zwei Terms in Bristol und später mehrere Male zu Tagungen in London. Dass ihr Vater länger als zwei Jahre in britischer Gefangenschaft hatte verbringen müssen, hinterließ bei den Geschwistern keinen bitteren Nachgeschmack. Nicht die Jahre, in denen der Vater in Gefangenschaft war, behielten sie in Erinnerung, wohl aber seine Zeit auf der Kanalinsel Alderney.

XVI.

Frühsommer 2024: Die Memoiren im Licht der Ergebnisse der von Lord Eric Pickles geleiteten Untersuchungskommission

Die von der britischen Regierung unter der Leitung von Lord Eric Pickles 2023 eingesetzte elfköpfige internationale Untersuchungskommission kam in ihrem am 22. Mai 2024 vorgelegten Bericht zu dem Ergebnis, dass auf der Insel Alderney während der deutschen Besatzung viel mehr Menschen als bisher angenommen, umgekommen sind, und zwar mindestens 641 und höchstens 1027 oder vielleicht, wenn man alle ungeklärten Fälle berücksichtige, sogar 1134. Nach Ansicht der Untersuchungskommission ist es jedoch falsch, Alderney mit Auschwitz zu vergleichen. Alderney sei, so die von Lord Pickles beauftragten Experten, kein „Mini-Auschwitz" gewesen. „*Prisoners were treated appallingly and life was cheap, but Alderney did not house a ‚mini-Auschwitz'; there was no extermination centre on the Island*" (Alderney Expert Review, Seite 2). Es gebe keine Belege dafür, dass Tausende von Menschen nur in der Absicht nach Alderney gebracht worden seien, um sie dort zu ermorden.

Nach Auswertung aller derzeit verfügbaren Informationen hoffen die in der von Lord Pickles geleiteten Untersuchungskommission engagierten Experten, sie hätten ein Ergebnis vorgelegt, das einer kritischen Überprüfung gewachsen sei.

Insgesamt seien, wie sie herausgefunden haben, zwischen 7608 und 7812 Personen als Zwangsarbeiter auf die Insel gebracht worden. Dank der Beiträge der internationalen Experten könne man nunmehr jedoch die Größe und das Schicksal der einzelnen Gruppen, die unter Leitung der Organisation Todt auf Alderney bis zur Erschöpfung und teilweise bis zum Tod arbeiten mussten, unterscheiden: mehrere hundert französische Juden, mehrere hundert spanische Republikaner, mehrere hundert Arbeiter aus Jersey und Guernsey sowie vor allem Tausende von Russen, Ukrainern und Polen. Nichts deute jedoch darauf hin, dass auf Alderney viele tausend Zwangsarbeitern umgebracht und dann verbrannt oder in bisher noch nicht untersuchten Massengräbern verscharrt oder in großen Zahlen einfach ins Meer geworfen worden seien, wie man jüngst immer wieder behauptet habe. Das seien „Fake News". Die in den letzten Jahren umher schwirrenden Gerüchte könnten nicht bestätigt werden.

Von besonderem Interesse ist in dem Pickles-Report ferner die Feststellung, dass der in der Forschung vielfach verwendete Begriff „Vernichtung durch Arbeit" nicht eigentlich auf die Verhältnisse auf Alderney zutreffe. Dagegen spreche, dass die Organisation Todt sehr an der Arbeitsleistung der Zwangsarbeiter interessiert gewesen sei. Hitler habe sich immer wieder persönlich nach dem Fortschritt der Arbeiten an den Befestigungsanlagen erkundigt, die häufig wegen Materialknappheit in Verzug geraten seien. Immer wieder seien vielmehr erkrankte Zwangsarbeiter zurück aufs Festland geschickt und neue Zwangsarbeiter nach Alderney gebracht worden. Auch das widerspreche der These, dass „Vernichtung durch Arbeit" alle Aktivitäten auf Alderney bestimmt hätten. Insgesamt seien die Verhältnisse in den Lagern auf Alderney nicht schlimmer gewesen als in anderen Lagern, etwa in Neuengamme, woher die meisten der Zwangsarbeiter stammten.

Die Autoren des Berichts lassen jedoch keinen Zweifel daran, dass für die Organisatoren der gewaltigen Verteidigungsanlagen auf Alderney Menschenleben nicht viel zählten. Die Arbeitsbelastung war gewaltig, die Verpflegung schlecht, die Unterbringung ebenso, und wer erkrankte, konnte nur selten auf medizinische Hilfe hoffen. Vor allem aber war das Arbeitsklima gekennzeichnet durch Härte, gar Brutalität, insbesondere gegenüber den Arbeitern aus Osteuropa. *„Housed in camps that shared many of the traits of those in mainland Europe, these labourers were subject to atrocious living and working conditions, which included starvation, long working hours, completing dangerous construction works, beatings, maiming, torture, being housed in inadequate accommodation and, in some cases, executions“ (*Alderney Expert Review, S. 4). *„Alderney was hell on earth“*, so Lord Pickles in seinem Vorwort (Alderney Expert Review, S. 2).

Dass auf Alderney auch zahlreiche Soldaten stationiert waren, die mit der Organisation Todt und dem Ausbau der Insel zu einer uneinnehmbaren Festung nicht direkt etwas zu tun hatten, wird in dem Pickles-Report nicht weiter berücksichtigt. *„There was a widespread common understanding – in the OT, military and other German quarters – that the deaths of large numbers of certain categories of workers due to gruelling working conditions was not a problem“ (*Alderney Expert Review, S. 14). Durch solche Sätze wird der Eindruck vermittelt, alle, die damals auf Alderney stationiert waren, seien direkt Teil eines brutalen Unterdrückungssystem gewesen. In einem generellen Sinn sind solche Sätze durchaus richtig. Denn auch die Flakgeschütze auf der Insel und damit Flaksoldaten wie der Memoirenschreiber schützten die Aktivitäten der Organisation Todt. Solche Aussagen sind jedoch bedrückend, wenn man an das Schicksal eines einzelnen Flaksoldaten auf Alderney in jenen Jahren denkt. Den Abschluss des Pickles-Reports bilden Zeugnisse von zwei Dutzend Überlebenden, die von rücksichtsloser Härte, sinnlosen Bestrafungen sowie von willkürlichen Erschießungen berichten und somit von einer tragischen Leidensgeschichte von vielen tausend Personen aus ganz Europa.

Von dieser Leidensgeschichte erfahren wir in den hier ausgewerteten Memoiren nur wenig. Dass er in der Kantine des KZ auf Alderney Dinge kaufen konnte, die er sonst nicht bekam, lesen wir, dass die Wachmänner ältere Figuren in Wehrmachtsuniformen gewesen seien, auch, dass er, wenn er bei der Organisation Todt Zement besorgte, am Ausgabepunkt einen mit der Verwaltung beauftragten *„KZ'ler"* mit *„Rauch- und Esswaren"* schmierte, sodass er einige Sack Zement mehr bekam. Er notierte: *„Die älteren, müden KZ-Wachmänner taten uns ebenso leid wie die KZ-Insassen"*. Und dann erinnerte sich der Memoirenschreiber auch daran, dass er, wenn *„ein staubig-müder Trupp von einem Steinbruch heraus an unserem Troß-Gebäude"* vorbeikam, täglich an einem Brunnen, der am Weg lag, *„Brotreste"* deponierte, die von einem gewandten Burschen, der sich am Brunnen die Hände wusch, aufgenommen wurden. In der Summe ist das nicht viel an Information, ein paar Episoden, kaum mehr. Man ist fast geneigt, von einer Bagatellisierung des tatsächlichen Leids der Zwangsarbeiter zu sprechen.

Die Lektüre des von Lord Pickles vorgelegten Berichts konfrontiert die Kinder/Enkel/Urenkel des Memoirenschreibers erneut, und mit noch einmal größerer Dringlichkeit, mit der Frage, was dieser tatsächlich von der Ereignissen auf der Insel wusste. Als seine Flakeinheit im September 1943 nach Alderney verlegt wurde, waren, wie dem Pickles-Report zu entnehmen ist, besonders viele Zwangsarbeiter auf der Insel, wurden die Arbeiten an den Befestigungsanlagen besonders energisch vorangetrieben. Bis zur alliierten Landung in der Normandie, im Juni 1944, als die Zwangsarbeiter zurück aufs Festland transportiert wurden, hatte er, wenn er es denn wollte, zehn Monate Zeit, sich umzusehen. Warum schreibt er zum Beispiel, auf der Insel seien nach der Evakuierung nur zwei Einheimische zurückgeblieben, wo doch nachweislich seit 1940 mehrere Hundert „Channel Islanders" auf Alderney arbeiteten und neben der Familie des Lotsen noch acht weitere Insulaner bis Mai 1945 auf der Insel blieben? Wusste er tatsächlich nicht mehr?

Bleibt somit die nüchterne Erkenntnis, dass die Memoiren des Vaters/Großvaters/Urgroßvaters, auf dessen Spuren wir 2023 nach Alderney reisten, zur Beantwortung der Fragen, die die von Lord Eric Pickles geleitete Untersuchungskommission zu beantworten suchte, kaum etwas beitragen können? Kann man aber erklären, warum er von dem menschenverachtenden Klima, mit dem die Befestigungsarbeiten vorangetrieben wurden, überhaupt nichts berichtet? Welche Argumente leuchten ein, welche nicht? Kann man argumentieren, die Insel sei so klein, dass er eigentlich hätte mehr wissen können und wahrscheinlich auch mehr gewusst hat, zumal er, wie er erwähnt, gelegentlich mit dem Fahrrad unterwegs war. Oder kann man argumentieren, dass die Gruppen der Organisation Todt, und zwar Bautrupps und Wachleute, sowie die militärischen Einheiten, speziell die Flakbatterien, relativ isoliert voneinander auf der Insel lebten und dass Informationen über das, was an einem Ende der Insel, etwa im Lager „Sylt", geschah, am anderen Ende, etwa in der Batteriebefehlsstelle, nicht wahrgenommen wurden, wenn man diese nicht unbedingt wahrnehmen wollte? Oder liegt doch die Vermutung nahe, dass in der Erinnerung vieles verdrängt wurde, und dass vieles von dem, an was sich der Memoirenschreiber erinnerte, beim Abfassen der Memoiren – einer Art Rechenschaftsbericht über das eigene Leben – verschwiegen wurde, vielleicht auch vergessen oder verdrängt und verschwiegen wurde, weil es für ihn persönlich im Rückblick nicht von vitaler Bedeutung war? Da helfen auch Spekulationen nicht weiter.

Noch viel weniger ist aus den Memoiren etwas zu der zweiten Leidensgeschichte zu erfahren, die mit der Geschichte von Alderney im Zweiten Weltkrieg verbunden ist, und das ist die Geschichte der Evakuierung im Juni 1940, der Unterbringung der Insulaner an vielen Orten in Großbritannien und der Rückkehr auf die Insel Ende 1945, Anfang 1946. Die Evakuierung musste innerhalb weniger Stunden erfolgen. Als der Aufruf zur Evakuierung erfolgte, warteten die Boote, die die Insulaner nach Großbritannien bringen sollten, bereits im Hafen. Man durfte nur das Allerwichtigste mitnehmen. Niemand wusste, wie lange die Abwesenheit dauern würde. Dann wurden die Familien verteilt, bis hinauf nach Schottland. Und dann vergingen Jahr für Jahr, bis zum Ende des großen Kriegs. Ebenso dramatisch war die Rückkehr. Niemand durfte sofort wieder zurück. Erst mussten Tausende von Minen und anderes Kriegsgerät geräumt werden. Während wir auf Alderney waren, hörten wir sogar, das englische Militär hätte nach Kriegsende einige Zeit überlegt, die Insel als militärisches Übungsgelände zu behalten (ebenso wie sie nach 1945

Helgoland einige Jahre als Übungsgelände für das Abwerfen von Bomben benützten). Dieser Plan wurde offensichtlich verworfen. Bei der Rückkehr der Insulaner waren die allermeisten Häuser immer noch in einem trostlosen Zustand. Noch ist die ganze Geschichte der temporären Evakuierung der gesamten Bevölkerung von Alderney nicht geschrieben, eine Leidensgeschichte eigener Dimension. In den Memoiren ist nur vom Lotsen im Hafen und vom Leuchtturmwächter die Rede, die 1940 auf der Insel blieben und die beide *„dann 45 nach der Kapitulation unversehrt wie die Anlagen, die sie betreuten, wieder zurück an die Alliierten"* gingen. Was wir während unseres Besuchs auf der Insel hörten, waren viele traurige, teilweise tragische Geschichten von der Zeit der Evakuierung; fast jede Familie auf Alderney hat ihre eigene Geschichte zu erzählen.

Aussagekräftig sind die Memoiren jedoch für eine dritte Geschichte, für die Geschichte der deutschen Besatzung auf der Insel, die sich nach der alliierten Landung in der Normandie und der militärischen Isolierung der Insel wenigstens zum Teil in eine eigene Leidensgeschichte verwandelte. Denn die Geschichte der „Hungerzeit", so wie wir sie in den Memoiren nachlesen können, ist ambivalent und lässt sich auf zweierlei Weise erzählen: Auf der einen Seite war sie, und dafür enthalten die Memoiren einige lebendig erzählte Episoden, eine Geschichte des Überlebenswillens in schwieriger Zeit. Davon berichtete der Memoirenschreiber nicht ohne Stolz. Auf der anderen Seite verschweigen die Memoiren aber nicht, dass Soldaten verhungerten, dass einige aus Verzweiflung Kameraden ermordeten und dann öffentlich exekutiert wurden und dass nach der Kapitulation, als die Vorratslager geöffnet wurden, einige Soldaten sich so heißhungrig auf die immer noch vorhandenen Lebensmittelvorräte stürzten und so viel aßen, dass ihre ausgemergelten Körper die neue Fülle nicht verkrafteten und sie zu einem Zeitpunkt starben, als die schlimme Zeit des Hungers eigentlich schon vorbei war.

Die von Lord Eric Pickles geleitete Kommission hat sich bemüht, die ganze Dimension der Folgen des unbarmherzigen Einsatzes von Zwangsarbeitern bei der Befestigung von Alderney zu erfassen. Nun wissen wir, wie viele Zwangsarbeiter auf Alderney während der Besatzungszeit ihr Leben verloren. Die Folgen der Hungerzeit sind dagegen ebenso wenig wissenschaftlich aufgearbeitet wie die Folgen der Evakuierung. Um die Folgen der Evakuierung zu erfassen, wären umfangreiche Recherchen in den Archiven des Britischen Kriegs- und des Innenministeriums notwendig. Nur durch penible Recherchen im Militärischen Forschungsamt des Bundesarchivs könnte man die Auswirkungen der Hungerzeit auf die einzelnen auf Alderney stationierten Einheiten klären.

Diese drei Leidensgeschichten sind auf ihre je eigene Weise singulär. Sie lassen sich nicht miteinander vergleichen. Sie lassen sich nicht gegeneinander aufrechnen. Wer für das jeweilige Leiden die Schuld trägt, lässt sich nur für das Schicksal der Zwangsarbeiter klar beantworten. Ohne die Machtarroganz der Nationalsozialisten wären diese Verbrechen nicht geschehen. Viel schwieriger ist die Frage zu beantworten, wer für die Evakuierung der Insulaner 1940 die Verantwortung trug. Es ist zu einfach, mit dem Finger auf die Regierung Churchill zu zeigen. Und ebenso schwierig ist die Suche nach der Antwort auf die Frage, wer für die Folgen des Hungers unter den auf Alderney stationierten Soldaten im Winter 1944/45 zur Verantwortung zu ziehen wäre. In den hier ausgewerteten Memoiren ist dazu keine Antwort zu finden.

Alle drei hier skizzierten und auf ihre je eigene Weise tragischen Geschichten sind und bleiben mit der Geschichte von Alderney im Zweiten Weltkrieg eng verbunden. Verbunden bleiben sie somit mit einer singulär schönen Insel. Die evakuierten Insulaner träumten von der Schönheit ihrer Insel und hofften auf eine baldige Rückkehr. Zu wünschen wäre es, dass auch einige der Zwangsarbeiter, wenigstens von Fall zu Fall, etwas Trost fanden, wenn sie in Alderney auf das Meer und den Himmel blickten. Der Memoirenschreiber hat das jedenfalls getan. *„Das Meer habe ich auf Alderney lieben gelernt. Himmel und Meer als Spiegelbild, das gleich bleibt im Wechsel der Farben und Stimmungen"*. Diese Schönheit ist geblieben, bis heute, trotz aller Betonbauten, die die deutschen Besatzer auf dem durch sie so schwer belasteten Erinnerungsort Alderney hinterließen.

Abbildungen

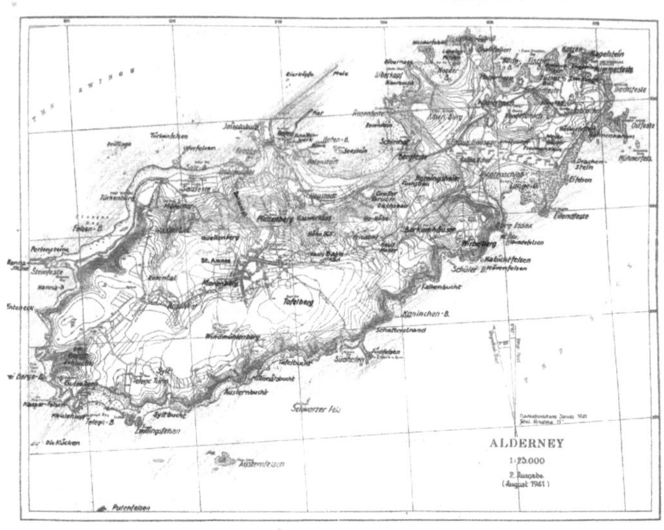

Karte von Alderney aus dem Jahr 1941, mit durchweg deutschen Bezeichnungen. Aus dem Nachlass von Eduard Lehmann und im Privatbesitz des Autors.

Drei Fotos von Eduard Lehmann auf Alderney aus dem Jahr 1943 (Privatbesitz H. L.).

Porträt von Eduard Lehmann, gezeichnet von Karl Wagner (Privatbesitz H. L.).

Bild der Felsenküste von Alderney, gezeichnet von Karl Wagner (Privatbesitz H. L.).

Bände IV und V der Memoiren von Eduard Lehmann
(Privatbesitz H. L.).

V
1944 -47

Aus den Memoiren von Eduard Lehmann, Bd. IV, S. 110 (Privatbesitz H. L.).

Hague, die N-Küste der Normandie entlang, dann 14 Kilometer übers Wasser bis Alderney. 110

Für mehr als 1½ Jahre, bis zur Kapitulation, blieb ich nun auf der Insel.

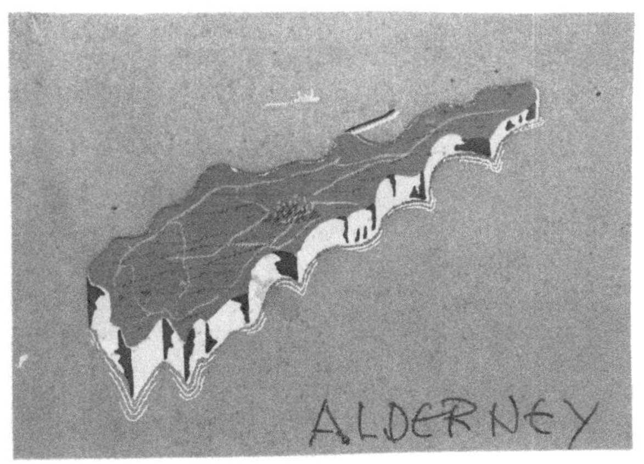

Man kann Alderney mit Helgoland vergleichen. A. ist etwa 7 km lang u. bis zu 2,5 km breit. Es ist eine Scheibe sehr harten Gesteins, die sich

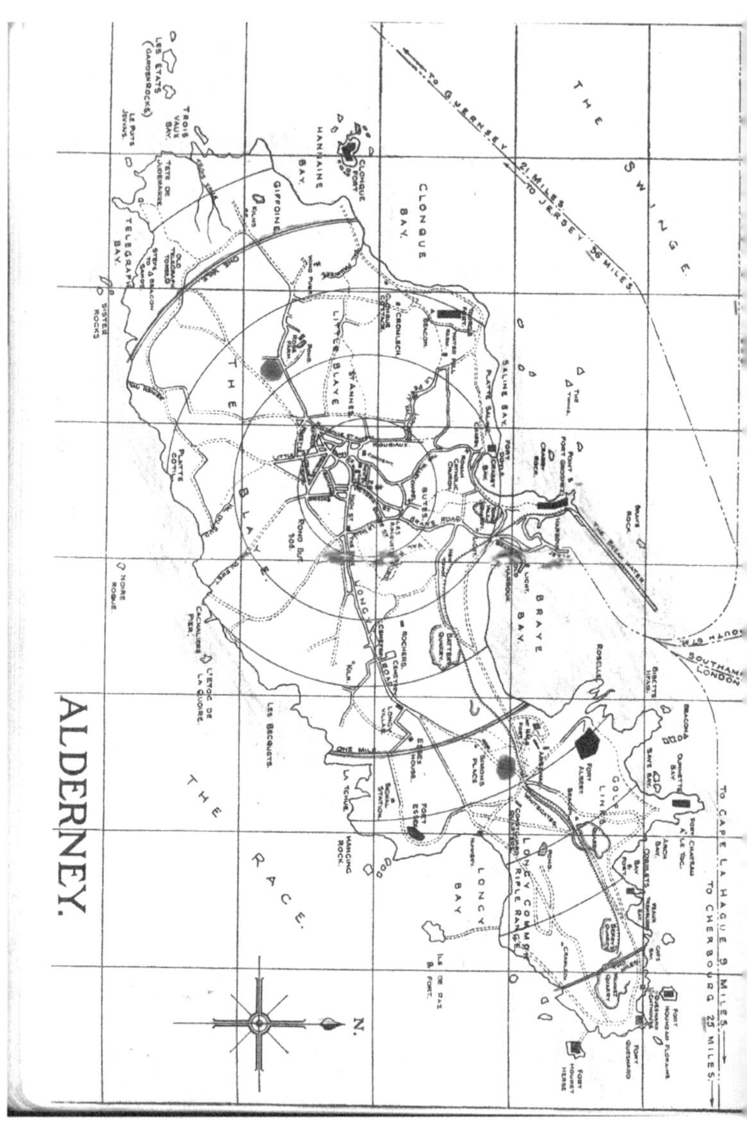

Aus den Memoiren von Eduard Lehmann, Bd. IV, S. 111 (Privatbesitz H. L.).

111

m Südosten nach Nordwesten
langsam senkt. Die flachere
Landseite hat einige kleine
geschwungene Sand- u. Badebuchten. Die Brandung ist stark.
Romantisch-felsig ist die zum
Land gewandte Seite.
1943 war die Luftüberlegenheit
der Alliierten absolut. Auf dem
kleinen Flugplatz der Insel lagen
Stacheldrahtwalzen – als Schutz
gegen eine eventuelle Landung. Ein
deutsches Flugzeug landete dort
nie mehr seit wir dort waren. Ich
sah von da ab überhaupt keines mehr.
An der Kanalküste wurde der sogenannte Atlantikwall gebaut.
Er sollte ein uneinnehmbares
Bollwerk bilden. Vorposten war
dabei Alderney. Auf der Insel
gab es 8,8 u. 3,7 u. 2 cm Flak

ALDERNEY

Aus den Memoiren von Eduard Lehmann, Bd. IV, S. 112
(Privatbesitz H. L.).

16 cm-Artillerie. Alderney wurde 112
zur Festung erklärt. Pioniere buddelten unentwegt an
Stollen. Die Organisation Todt
war am Werk. Zwei KZ's lieferten Arbeitskräfte.
Panzer-Mauern an den Flachstran-
den. Minenfelder im Sand über die
ganze Insel; Panzerhöcker
u. Flugminen an den Bade-
buchten. Man sprach von
5000 Mann Besatzung. Die Zivilbevölkerung hatten die Engländer, als sie die Insel ohne
Kampf räumten, eva-
kuiert. Nur der Lotse im Hafen war dageblieben u. der
Leuchtturmwärter. Beide wurden
von den Deutschen übernommen, beide gingen dann 45
nach der Kapitulation un-
versehrt wie die Anlagen, die

Aus den Memoiren von Eduard Lehmann, Bd. IV, S. 113 (Privatbesitz H. L.).

113

sie bekamen sie wieder zurück an die Alliierten. Bei Beschuss wurden Hafen u. Leuchtturm Stadt ausgespart.
In den Kasematten der Insel lagen riesige Vorräte an Munition u. Lebensmitteln. Alderney galt als eine uneinnehmbare Festung.
Am Morgen erblickten wir hier ... die Schiffe, die bei Nacht eingelaufen waren. Ebenso verschwanden sie wieder in einer der folgenden Nächte. Bei Tag hätte sich kein deutsches Schiff auf dem Meer zeigen dürfen.
Die Insel unterstand 2 Kommandeuren: vom Heer u. von der Marine. Da gab es Kompetenzstreitigkeiten, wenn es darum ging, gegen Flugzeuge das Feuer zu eröffnen. Die im Hafen liegenden Schiffe ließen schon bei der geringsten Annäherung feindlicher Flugzeuge einen kolossalen Feuerzauber los

Aus den Memoiren von Eduard Lehmann, Bd. IV, S. 114 (Privatbesitz H. L.).

Sie wollten abschrecken. Unsere Flakoffiziere wollten aber abschießen – also zuwarten bis für Abschüsse Chancen bestanden. 44/45, als wir abgeschnitten waren u. machtlos u. hilflos am Kurfenhof ängstlich waren die Marinen – wie man munkelte – für Kapitulation. Aber Hitler hatte den raffiniertesten Befehl gegeben, daß jedermann einen defaitistischen Vorgesetzten beseitigen u. sich an seine Stelle setzen durfte. Das war ein böses Gift, gemischt aus Niedertracht u. Neid. Gerade zwischen den Offizieren in verantwortlichen Stellungen errichtete er Barrieren. ~~Niemand~~ Jedermann hatte niemand mehr. Auch unserem ehrgeizigen Batterie-Chef Oberleutnant Graf hätte ich je Schändlichkeit zugetraut. 114

Aus den Memoiren von Eduard Lehmann, Bd. V, S. 44, mit zwei Fotos von Eduard Lehmann aus dem Jahr 1944 (Privatbesitz H. L.).

der Fliegermeldedienst be- 44
stand weiterhin. Und ich hatte
zufällig gerade in dieser
Nacht für die Flak der Insel Bereitschaft. Ich rief
Olt. Graf an. Der Krieg sei aus.
Ob ich überhaupt noch Fliegeralarm geben solle. „Was
denken Sie! Das müssen wir
erst dienstlich übermittelt
bekommen haben! Denn
Feindflüge kommen, wird geschossen!" Der tapfere Österreicher, der sich wenige Wochen später beim Antritt
der Gefangenschaft sofort
als „gepreßten Ostmärker"
u. Antifaschist aussor-
tieren ließ, um möglichst
schnell nach Hause zu kommen

Deutsche Hinterlassenschaft auf Alderney, Aufnahmen aus dem Herbst 2023:

Ich lebe
und Ihr sollt
auch leben.
Unſeren toten Kameraden!
Deutſche Kriegsgefangene
auf Alderney

Dank

Zum Gelingen dieses Projekt trugen verschiedene Personen bei. Zu großem Dank verpflichtet bin ich Maike und Niko sowie Amy und Lukas aus der Enkel- und Urenkelgeneration meines von 1943 bis 1945 auf Alderney stationierten Vaters, denn sie wagten es, mit meiner Frau und mir, beide hoch in den 80ern, im September 2023 die Reise auf diese Insel zu unternehmen. Mein Dank gehört Dr. Trevor Davenport von der Alderney Historical Society, der sich viel Zeit nahm, uns die Insel zu zeigen und uns die jüngste Geschichte Alderneys zu erklären. Danken möchte ich Dr. Alexander Schug, der, als er von meinen Plänen hörte, nicht zögerte, dieses Buchprojekt in sein Verlagsprogramm aufzunehmen. Mein Dank gilt ferner Dr. Christian Westerhoff und Tobias Thelen von der Bibliothek für Zeitgeschichte in Stuttgart, die mir schnell und unbürokratisch Kopien aus dem dort deponierten Briefwechsel meiner Eltern aus der Zeit des Zweiten Weltkriegs zur Verfügung stellten. Vor allem aber danke ich sehr herzlich meiner Frau, Dr. Silke Lehmann, die sofort verstand, was dieses Projekt für mich bedeutet und die alle notwendigen Arbeiten von den ersten Planungen bis zur Drucklegung unermüdlich und mit bewundernswertem Einsatz unterstützte.

Kiel, im Juni 2024 Hartmut Lehmann